Beltz & Gelberg Taschenbuch 737

Charlotte Kerner, geboren 1950 in Speyer, Studium der Volkswirtschaft und Soziologie, Studienaufenthalte in Kanada und China. Seit 1980 ist sie nur noch schreibend tätig. Sie lebt heute in Lübeck und arbeitet als freie Journalistin und Buchautorin. Im Programm Beltz & Gelberg erschienen von ihr u.a. *Kinderkriegen – Ein Nachdenkbuch*; *Lise, Atomphysikerin. Die Lebensgeschichte der Lise Meitner* (Deutscher Jugendliteraturpreis 1987); *Seidenraupe, Dschungelblüte. Die Lebensgeschichte der Maria Sibylla Merian* (Auswahlliste zum Deutschen Jugendliteraturpreis); *Nicht nur Madame Curie ... – Frauen, die den Nobelpreis bekamen* (Auswahlliste zum Deutschen Jugendliteraturpreis), *Alle Schönheit des Himmels. Die Lebensgeschichte der Hildegard von Bingen*, der Roman *Blueprint* (ausgezeichnet mit dem Deutschen Jugendliteraturpreis und verfilmt mit Franka Potente in der Hauptrolle), *Die Nonkonformistin. Die Lebensgeschichte der Architektin und Designerin Eileen Gray* und zuletzt *Sternenflug und Sonnenfeuer. Drei Astronominnen und ihre Lebensgeschichten.*

Charlotte Kerner

Geboren 1999

Eine Zukunftsgeschichte

Mit Nachwort der Autorin
und einem Glossar

BELTZ
& Gelberg

Geboren 1999 kam auf die Auswahlliste zum Deutschen Jugendliteraturpreis 1990 und wurde nach einem Drehbuch von Beate Langmaack von Kai Wessel verfilmt. Der Film *Geboren 1999* kann zurzeit unter gewissen Bedingungen ausgeliehen werden. Anfragen bitte an Südwestrundfunk Media GmbH, Programmverwertung, Heinz-Bredow-Str. 20, 76530 Baden-Baden, Tel.: 07221/929413 2/33

www.beltz.de
Beltz & Gelberg Taschenbuch 737

in der Verlagsgruppe Beltz • Weinheim Basel

Neue Rechtschreibung
Einbandgestaltung: Max Bartholl
Gesamtherstellung: Druckhaus Beltz, Hemsbach
Printed in Germany
ISBN 3 407 78737 5
13 14 15 16 17 08 07 06 05 04

Seine Hände sind feucht. Karl presst sie mit aller Kraft gegen die Glasscheibe. Hat sich Glas schon immer so hart und kalt angefühlt? Er lässt die Arme sinken und betrachtet die Abdrücke seiner Finger, die auf der glatten Fläche zurückbleiben. Langsam verschwinden die kleinen, nassen Perlen.
Auch er möchte weg, verschwinden wie der Umriss seiner Hand. Doch der fremde Anblick hält ihn fest, macht ihn unbeweglich. Er steht da und starrt sie an. Nur die getönte Glasscheibe trennt ihn noch von ihr. Er hat sie gefunden, aber wirklich begreifen kann er es immer noch nicht.
Karl ist froh, dass die gläserne Wand zwischen ihnen ist und ihn von ihr fern hält, denn er will sie gar nicht berühren. Er muss erst einmal verstehen, was er sieht.
Karl versucht Ordnung in seinen Kopf zu bringen. Er fährt sich über die Stirn. Wird er jemals wieder an etwas anderes denken können? Sein Kopf schmerzt. Er kneift die Augen zu schmalen Schlitzen zusammen. Das Bild beginnt zu flimmern, löst sich auf. Doch nur kleine Kinder glauben, dass die Welt um sie herum verschwindet, wenn sie die Augen schließen. Er ist schon siebzehn. Er muss hinsehen und alles begreifen.
Die dumpfen Krankenhausgeräusche sind Wirklichkeit. Karl riecht Äther und Bodenputzmittel und verwelkte Blumen und auch Blut, denn er hat sich die Lippe blutig gebissen. Sie kann nichts riechen hinter der Trennscheibe und sehen kann sie ihn auch nicht. Er sucht etwas zum Festhalten, doch vor ihm ist nur das glatte Glas. Seine Knie werden weich, der Boden schwankt.

Eine Schwester im weißen Kittel, die im Saal hinter der Glasscheibe herumhantiert, wirft ihm misstrauische Blicke zu. Karl bemerkt ihren Argwohn und befiehlt sich, ruhig zu bleiben. Er darf jetzt nicht auffallen, die Schwester beobachtet ihn immer noch. Er streicht den blauen Besucherkittel mit der schwarz aufgedruckten Nummer AU III glatt und atmet tief durch. Der Boden schwankt nicht mehr, er steht wieder fest auf seinen Beinen und blickt starr nach vorn. Seine zerbissene Unterlippe zittert.
Vielleicht sollte er die Scheibe einfach kaputtschlagen und zu ihr hineingehen. Vielleicht sollte er überhaupt alles hier kaputtschlagen, nur kaputtschlagen, kaputt, kaputt. Weg mit allem und weg mit ihr.
Nein, er muss Ruhe bewahren. Ruhig bleiben, befiehlt er sich. Langsam bewegt er seinen Kopf auf die Scheibe zu, bis seine heiße Stirn das kühle Glas fühlt.
Verschwinde, möchte er ihr zurufen. Aber er ist sprachlos, gefangen in einem stummen, staunenden Entsetzen und wehrlos.
Jetzt müsste es einen Knall geben, das Glas müsste bersten und in tausend Stücke springen. Und er müsste wie Glas und sie wie Glas und überhaupt dieses ganze schreckliche Bild müsste wie Glas zerspringen.
Warum nur hat er sie gesucht, die ganzen letzten Monate, fast ein Jahr lang? Aber er weiß ja, dass er es hatte tun müssen. Das ist er sich selbst schuldig gewesen. Er hat keine Wahl gehabt und sie alle haben ihm keine Wahl gelassen. Niemand hat ihn gefragt. Aber was hätte er denn überhaupt gewählt? Er weiß nur, das da drinnen sicher nicht.
Karl starrt durch die Glasscheibe, die sein Atem beschlagen hat. Es gibt keinen Zweifel – das hinter der Glasscheibe ist sie. Das ist seine Mutter.

***

Franziska Dehmel reibt sich die Augen und stellt den Bildschirm ihres Computers dunkler. Sie drückt den Befehl »speichern«. Dabei liest sie den Text noch einmal durch. So könnte die Begegnung stattgefunden haben. Die Journalistin ist zufrieden. Am Anfang steht die Szene »Wiedersehen«. Damit ist ihr ein guter Einstieg in Karls Geschichte gelungen, sicher ganz nach dem Geschmack des Chefredakteurs, der es »direkt« liebt. Sie trinkt einen Schluck aus der Kaffeetasse und lächelt.
Seit Tagen hat sie Material gesichtet und so sieht ihr Zimmer auch aus. Berge von fotokopierten Zeitungsartikeln und Aktenordnern stapeln sich auf dem Fußboden; medizinische Nachschlagewerke, Tonbänder und Videokassetten, Fotos und Disketten sind aufgetürmt. Um sie herum lagert der Stoff für Karls Geschichte, aufgeschrieben und gedruckt, in Bild und Ton. Und ganz oben auf ihrem Schreibtisch liegt Karls Tagebuch. Dass er es ihr überlassen hat, darüber kann sich Franziska nicht freuen.
Sein Tagebuch klagt sie an.
Sein Tagebuch ist ein Vorwurf.
Er hat ihr das Tagebuch an dem Tag zugeschickt, an dem er verschwand. Das war vor fast vier Wochen. Heute ist der zweite Weihnachtsfeiertag und in sechs Tagen ist Silvester. Dann beginnt das neue Jahr, das Jahr 2017.
Sie will Karls Geschichte unbedingt bis zum Jahreswechsel fertig haben. Deshalb hat sie ihren Sohn Fabian zu Freunden aufs Land geschickt, er würde sie nur stören. Spätestens Anfang Februar wäre der Artikel dann im Blatt. Je schneller, desto besser. Sie weiß, dass Karl DIE WOCHE liest. Sonst hätte er ja nie zu ihr gefunden.
Vielleicht wird er irgendwann seine Geschichte lesen und sie noch einmal besuchen und anlächeln. Und dann wird er sagen: Das hast du gut gemacht.

Franziska stellt sich vor, dass Karl in ihrer Tür steht, so wie beim ersten Mal im Januar dieses Jahres, vor einer Ewigkeit und doch erst vor elf Monaten. Damals war er noch ein unbekannter Junge, nur »ein mögliches Thema« für sie gewesen und kein Mensch mit einem Schicksal.
Franziska blickt das Foto an, das an ihrer Pinnwand hängt. Es zeigt Karl Meiberg. Nach dem ersten Gespräch hat sie dieses Bild von ihm gemacht und das Datum mit Filzstift auf den Rand gekritzelt: 29.1.16. Das ist eine Marotte von ihr, Sofortbilder zu machen und das Datum auf den Rand zu schreiben. Sie hat einen ganzen Karton voll davon.
Franziska nimmt das Foto von der Wand und legt es vor sich auf den Schreibtisch. Sie betrachtet den Jungen, während sie weiter an ihrem Kaffee nippt, der inzwischen lauwarm geworden ist.
Karl sieht recht gut aus, aber unauffällig. Er wirkt schmal, hat eine wohlgeformte Nase und braune Locken. Er ist fast so groß wie Fabian, der sie mit seinen einszweiundachtzig kopfhoch überragt. Sie gehen zusammen in die gleiche Klasse, doch Karl wirkt ernster und erwachsener als Fabian.
Seine grauen Augen hat sie nie sehr gemocht, vom ersten Augenblick an nicht. Sie sind durchdringend und halten Menschen auf Distanz. Er lässt niemanden an sich heran, bis auf Sarah, und schließlich auch sie nicht mehr.
Der Name Kalter Karl passt wirklich zu ihm.
Seine Augen lächeln nie, auch wenn sein Mund lacht. Der volle Mund ist das Lebendigste an Karl. Die Unterlippe findet sie ein wenig zu wulstig. Aber trotzdem hat er einen schönen Mund.
Im Lauf der Zeit, als sie ihn besser kennen lernte, konnte Franziska seine Gefühle mehr am Mund als an den Augen ablesen. Wenn Karl Gefühle zeigt, dann zuckt sein Mund verräterisch. Nur so offenbart er, dass er verletzlich ist. Und sein Lächeln

gerät immer etwas schief, genau wie auf dem Bild. Wenn er überhaupt lächelt oder lacht, denn das geschieht selten.
Franziska sieht alt und erschöpft aus. Sie greift Karls Tagebuch, das herausfordernd auf dem Papierstapel am linken Schreibtischrand thront. Fast zögernd nimmt sie es in die Hand und hält es wie einen schweren kostbaren Gegenstand, von dem sie fürchtet, er könnte ihren Fingern entgleiten und zerbrechen. Behutsam legt sie es vor sich auf den Tisch. Sie schlägt es auf, blättert darin und streicht schließlich eine Seite glatt. Das hat Karl geschrieben, drei Wochen bevor er in ihrem Zimmer stand.

Karls Tagebuch, 6. Januar 2016, abends
Wer bin ich? Woher komme ich? Von wem habe ich diese grauen Augen? Von meinem Vater oder meiner Mutter? Leben sie noch?
Was bin ich, was ist von ihnen?
Wo komme ich her?
Diese Fragen beherrschen langsam mein ganzes Denken. Und deshalb muss ich sie beantworten. Es ist wie ein Zwang.
Dabei geht es mir doch gut, äußerlich stimmt doch alles. Ich bin nicht unglücklich. Doch was ist Glück, was ist Unglück? Vielleicht kenne ich beides nicht.
Anna und Dietrich haben mich nie belogen. Trotzdem sehe ich in letzter Zeit immer stärker nur das Fremde in ihnen. Dietrich macht es sich zu einfach, wenn er das als »NatürlichfürjungeLeuteindeinemAlter« bezeichnet und über die Loslösung vom Elternhaus spricht. Sie sind doch nicht meine richtigen Eltern, ich wohne nur zufällig in ihrem Haus. Mein Elternhaus kenne ich nicht, noch nicht.
Seit ich mit Sarah schlafe, denke ich ständig darüber nach, ob sich meine richtigen Eltern eigentlich so lieb gehabt haben wie

wir beide. Wie alt waren sie wohl, als sie mich zeugten? Wollten sie ein Kind? Wahrscheinlich, denn sonst hätten sie doch verhütet oder abgetrieben. Die Pille für die Frau gab es damals schon.
Wenn ich mir vorstelle, Sarah würde durch einen Pillenfehler von mir schwanger, müssten wir uns doch klar für oder gegen das Kind entscheiden. Und wenn wir das Kind wollten – nur mal angenommen –, würden wir es doch nicht plötzlich gleich nach der Geburt weggeben.
Was haben sich meine Eltern denn dabei gedacht? Warum wollten sie mich nicht mehr? War meine Mutter allein, ging es ihr schlecht? Warum gaben sie mich weg?
Durch Anna und Dietrich bin ich in einer ganz normalen Familie aufgewachsen. Doch was heißt schon normal? Ich bin nur normal adoptiert. Ich hänge irgendwie an ihnen und da ist auch so was wie Dankbarkeit. Doch die beiden waren dabei ganz schön egoistisch. Um ein Kind zu bekommen, haben sie sich darauf eingelassen, dass meine Eltern anonym zu bleiben hatten. Weg mit den Wurzeln, Unkraut vergeht nicht. Ihr Kinderwunsch ging vor, ich stand hintenan.
Ich weiß nicht, woher ich komme, warum es mich überhaupt gibt.
Wer bin ich?
Wer bin ich wirklich?
Ich bin anders als sie alle, das habe ich schon immer gefühlt, ganz instinktiv.
Vielleicht bin ich deshalb so verschlossen. Kann ich jemanden richtig lieb haben? Selbst an meinen Gefühlen für Sarah zweifle ich manchmal.
Alle fühlen, dass ich anders bin. Warum sonst nennen sie mich Kalter Karl?
Ich hasse diesen Namen, Kalter Karl!!
Wenn sie mich so rufen, ist es, als ob sie mit einem Pfeil nach mir

schießen. Der Pfeil trifft mich, es gibt einen kleinen Stich, irgendwo in meinem Kopf.
Ich fühle aber auch, dass sie Recht haben. Ich begrüße den spitzen Pfeil und den kleinen Stich wie alte Freunde. Er gehört zu mir, ist ein Teil von mir geworden, der Name: Kalter Karl.
Sarah behauptet, ich bilde mir mein Anderssein nur ein, bausche die Sache auf, um mich interessant zu machen. Du suchst Entschuldigungen für deine Fehler, sagt sie immer, ändere dich einfach.
Aber ich kann mich nicht ändern, obwohl ich es will. Doch das glaubt mir niemand. Es ist schwierig, ihnen zu erklären, wie ich mich fühle, hohl, leer, ausgeschlossen, allein und fern.
Doch das sind alles nur Worte, sie können niemals beschreiben, wie etwas ist.
Auch Sarah kann nicht wirklich verstehen, wie ich mich fühle, so zerrissen. Sie ist einfach zu normal.
Anna und Dietrich haben mir neulich sogar angeboten, mit einem Psychologen zu reden. Einer neutralen Instanz, glauben sie, könnte ich mich besser anvertrauen. Doch das habe ich dankend abgelehnt.
Ich muss und will da selbst durch, ohne fremde Hilfe!!
Es geht schließlich um mich, um mich allein!!
Ich sei immer ein zufriedenes Kind gewesen, sagt Anna, und an einem habe es mir nie gefehlt, an Liebe. Liebe? An Affenliebe hat es vielleicht nicht gefehlt, aber an Respekt vor mir als Person, da hat es gefehlt.
Bin ich ungerecht? Meinetwegen sollen sie mich ungerecht nennen. Es ist mir gleichgültig, wenn meine Vorwürfe Anna zum Weinen bringen und Dietrich wütend wird. Und je mehr sie sich verteidigen, desto stärker suche ich nach Worten, die sie verletzen. Doch das haben sie sich selbst eingehandelt. Diesen Handel haben sie doch gemacht, Schweigen gegen Kind.

Wer kommt denn gerne aus dem Nichts?
Keiner von denen.
Manchmal träume ich, dass ich am Rande eines dunklen Loches stehe. Ich habe Angst, aber ich muss springen. Anna und Dietrich ziehen an mir, es tut weh. Dann wache ich auf.
Ich bin froh, dass es Sarah gibt und mich auch. Ich bin Karl Meiberg. Doch das ist nur ein Teil von mir, da bin ich ganz sicher. Den anderen Teil muss ich auch noch finden, aber nach fast 17 Jahren wird das nicht leicht sein.
Ich will diesmal, dieses eine Mal, selbst über mein Leben entscheiden.
Anna und Dietrich sollen sich nicht in meine Suche einmischen. Das muss und werde ich allein in die Hand nehmen, und zwar schnell. Und ich weiß auch schon wie.

Fabian hatte ihr die ganze Sache eingebrockt und Karl mit nach Hause gebracht. An einem trüben, kalten Januardienstag, bei einem Wetter, das ihr sowieso schlechte Laune machte, hatte ihr Sohn diesen fremden Jungen in ihr Arbeitszimmer geschoben und ihn grinsend in seinem üblichen rotzfrechen Ton vorgestellt, bevor er sich davonmachte: »Das ist einer aus meiner Klasse, Karl Meiberg. Er bittet die bekannte Journalistin Franziska Dehmel von der WOCHE gnädigst um eine Audienz. Er will dich was fragen. Und zwar allein. Bis dann!«
Sie war verärgert gewesen, denn sie hasst Unterbrechungen, wenn sie einen Artikel fertig machen muss. Aber Franziska war ihrem ersten Impuls nicht gefolgt, den Jungen höflich, aber bestimmt vor die Tür zu setzen. Sein ernster Blick hatte sie neugierig gemacht.
Karl Meiberg war etwas Besonderes, das hatte sie vom ersten Augenblick an bemerkt. Sie hat nun mal diesen Riecher für

Dinge, die ungewöhnlich sind. Und deshalb schreibt sie jetzt Karls Geschichte.
Ganz am Anfang war keine Sympathie, eher Misstrauen zwischen ihnen gewesen. Karl gestand ihr später, als sie sich besser kannten und mit du ansprachen, dass er sie als »berechnend« empfunden habe.
Karl ist ein verblüffend guter Beobachter, das muss sie zugeben. Er hatte sofort gespürt, wie und wann sie während ihres ersten Zusammentreffens unmerklich zusammengezuckt war und dass sie ihn danach interessierter angeblickt hatte.
Damals, bei seinem ersten Besuch, hatte er ihr genau erzählt, wie er an die Papiere und die Daten gekommen war. Und es waren die zwei Geburtstage gewesen, die sie aufhorchen ließen. Ihr vierter Sinn hatte gemeldet: »Vorsicht, mögliche Story!«
Am Anfang war Franziska tatsächlich berechnend gewesen, heute empfindet sie nur noch eine traurige Wut. Denn es wurde eine gute Story, aber eine schlechte Geschichte.
Das Jahr 2016 hat für ihn nicht schön geendet.
Mit den zwei besagten Geburtsdaten hatte alles angefangen. Deshalb wird sie auch ihren WOCHE-Artikel damit weiterführen. Plötzlich hat Franziska die Gliederung im Kopf, über die sie schon zu lange vergeblich nachgedacht hatte.
Franziska rückt ihre Schreibtastatur zurecht. Die Tasten klappern. Direkt an das »Wiedersehen« wird sie eine erste Rückblende anschließen und eine Suche in drei Teilen schreiben.

***

Die Suche (Teil 1): Geheimnisvolle Geburtstage

Karl Meibergs Suche nach seinen leiblichen Eltern begann am 8. Januar 2016. Dass er adoptiert war, hatten ihm seine Adoptiveltern, Anna und Dietrich, nie verschwiegen. Doch wie die meisten adoptierten Kinder setzte er alles daran, seine Herkunft zu erfahren. Karl Meiberg war sechzehn Jahre alt, als er sich mit der Auskunft seiner Eltern nicht mehr bescheiden wollte, seine leiblichen Eltern seien auf ausdrücklichen Wunsch anonym geblieben.

Als Anna und Dietrich Meiberg eines Abends im Kino waren, durchwühlten Karl und seine Freundin Sarah heimlich die Dokumentenmappe im Arbeitszimmer des Vaters, eines Ingenieurs der Firma Solarstrom Herbeck. Doch die beiden konnten nichts finden, außer der Adoptionsurkunde. Weder seine Abstammungs- noch seine Geburtsurkunde war abgeheftet und auch mehrere Schreiben an das Herbecker Bürgerzentrum lieferten keine weiter gehenden Hinweise.

Am Dienstag, dem 8. Januar, fuhr Karl Meiberg deshalb direkt nach der Schule mit seinem Elektromofa ins Bürgerzentrum, wo die Daten aller 235000 Bewohner Herbecks gespeichert sind. Das große, gelb leuchtende H auf dem Hochhaus wachte wie gewöhnlich über der Stadt.

Die Hand Karl Meibergs zitterte, als er seine ID-Karte mit dem Bürger-Code in den Schlitz rechts neben der gläsernen Eingangstür schob und eine Lautsprecherstimme fragte: »Karl Meiberg, was wünschen Sie, bitte?«

»Datenauskunft zur Adoption.«

In der Sekundenstille, die jetzt folgte, überprüfte ein Computer seine Code-Zahlen. Karl war sechzehn und aus Herbeck, er durfte also eintreten.

»Drücken Sie bitte die Tasten 3 A 9, ich wiederhole 3 A 9.« Die

Plastikkarte wurde mit einem Surren wieder ausgespuckt, die Glastür öffnete sich.
Karl schaute sich um und ging in den Fahrstuhl mit der blinkenden 3 über der Tür. Im 3. Stock erwartete ihn ein Beamter in der gelben Uniform. Karl mochte diese Stadtfarbe nicht. Er fand sie verlogen unter dem deutschen Staubhimmel, genauso verlogen wie dieses Himmelblau im Fahrstuhl, der ihn heraufgebracht hatte.
»Willkommen im Bürgerzentrum. Womit können wir Ihnen dienen?«, fragte der farblose Mann höflich.
»Ich hätte gern eine Datenauskunft, also meine Geburts- und Abstammungsurkunde und die Namen meiner leiblichen Eltern. Die Adoptionsurkunde habe ich mit.«
Der gelb gewandete Mann lächelte verbindlich. »Bitte folgen Sie mir.«
Der lange Gang war fensterlos. Karl hörte hinter Zimmertüren Stimmengemurmel und Maschinensurren. Die Lampen produzierten im Winter sonniges Frühlingslicht, um die Besucher aufzuheitern. Mit guter Wirkung, denn Karl Meiberg war am Ende des Ganges fast beschwingt und hatte das sichere Gefühl, dass er heute alles erfahren werde.
Schon bald wird er seine Mutter und seinen Vater besuchen, mit ihnen reden, sie kennen lernen und sie werden ihm alles erklären. Und danach ist alles gut.
Die Dame in Zimmer 360, deren Uniform in einem helleren Gelb gehalten war als die seines Begleiters, nickte mechanisch, als Karl ihr sein Anliegen erklärte. Er legte die Adoptionsurkunde auf den Tisch, die sie mit geübtem Blick überflog.
»Das sollte alles klargehen. Bitte, kommen Sie zu diesem Gerät. Legen Sie die Fingerspitzen Ihrer rechten Hand in diese fünf Mulden. Nur die Identifikation Ihrer Fingerabdrücke ermöglicht den Zugang zu Ihren Personaldaten. Aus Gründen des Da-

tenschutzes.« Die Beamtin nahm auf ihrem Arbeitsschemel Platz und drückte die Starttaste.
Grüne Buchstaben erschienen auf dem Bildschirm, die Personaldaten flimmerten ein wenig:

Karl Meiberg (BC 086750)
Geb. 5. Februar 1999
Eltern: Dietrich Meiberg, geb. 1.7.1958, Mannheim
Anna Meiberg (Netzer), geb. 25.3.1960, Köln
Adoption, siehe weitere Informationen: A 91, AST 245

Karl drückte seine Finger in die Mulden, während die Frau mit unbewegtem Gesicht die geforderten Buchstaben und Zahlen eintippte. Bei A 91 tauchte auf dem Bildschirm die Adoptionsurkunde auf, die er schon hatte, und bei AST 245 erschien die Abstammungsurkunde.
Die bekannten Namen und Daten huschten über den Bildschirm, zu Karl, Anna und Dietrich gab es nichts Neues. Und in dem Feld »leibliche Eltern« standen noch immer keine Namen, sondern nur »anonym, SGR 1999«.
Die Beamtin stutzte, bevor sie mit monotoner Stimme erklärte: »Aufgrund einer Sondergenehmigung Klasse R sind weiter gehende Daten hier nicht verfügbar. Ich weiß nicht, wie lange die Daten gesperrt sind. Auf jeden Fall brauchen Sie für weitere Auskünfte die Einwilligung Ihrer Adoptiveltern.«
Karl hörte zwar ihre Erklärung, doch die interessierte ihn im Augenblick weniger. Ihn fesselte vielmehr eine Zahlenfolge, die auf dem Bildschirm aufgetaucht war. Hinter seinem Namen stand jetzt: geboren 15. November 1999.
»Macht das Ding nie Fehler?«
»Nein, niemals.« Die Frau strich stolz über die Revers ihres hellgelben Jacketts.
»Dann überprüfen Sie das aber besser noch mal.« Karl tippte

mit dem Zeigefinger der linken Hand auf das Geburtsdatum. »Ich bin am 5. Februar 1999 geboren und nicht am 15. November 1999. So steht es wenigstens in der Adoptionsurkunde.«
Die Beamtin hämmerte sichtlich verwirrt verschiedene Suchbefehle in die Maschine. Doch nichts änderte sich, Karls zweites Geburtsdatum blieb. Auch die jetzt in Leuchtschrift erschienene Geburtsurkunde führte den 15. November 1999.
»Das ist mir noch nie passiert«, murmelte sie, um dann aber schnell wieder so gefasst zu reagieren, wie es einer Beamtin geziemt. »Geburts- und Abstammungsurkunde gehen vor, da müssen wir Ihre Adoptionsurkunde und die Personaldaten ändern. Es war wohl ein Eingabefehler.«
»Aber machen Sie mir bitte zuerst von jeder Urkunde noch zwei Ausdrucke. Danach können Sie ändern, was Sie wollen.«
Während der Laserdrucker die gewünschten Papiere lautlos ausschrieb, fragte Karl noch einmal nach: »Was ist das für eine Sondergenehmigung, dieses SGR1999? Warum dieser ganze Firlefanz?« Karl war wütend und enttäuscht, er war in einer Sackgasse gelandet. Allein kam er nicht weiter.
Die Frau in der hellgelben Uniform spulte gelernte Sätze ab: »Eine Sondergenehmigung R erfordert bei weiteren Auskünften die Einwilligung Ihrer Adoptiveltern. Zuständig bei SGR-Fällen ist die Abteilung genetische Auskunft. Dort speichern wir die genetischen Codes* unserer Bürger und deren Eltern. Wenn Sie eine Genehmigung Ihrer Adoptiveltern mitbringen, haben Sie alle gewünschten Daten in zwei Monaten. Wir erstellen auf Wunsch auch genetische Fingerabdrücke. Allerdings ist die Abteilung zurzeit völlig überlastet. Es kann auch schon mal drei Monate dauern, bis Sie Auskunft bekommen.« Die Beamtin reichte Karl seine Papiere und stand auf.

* Dieser Begriff und andere wichtige Fachwörter werden am Ende des Buches in einem Glossar erklärt.

Karl nickte. Ja, er sollte nun gehen. Es reichte ihm für heute. Sein Danke klang verkrampft. Die Papiere knisterten in seiner Jackentasche, als er durch die künstliche Frühlingssonne auf den Fahrstuhl zuging. Dort war er endlich allein. Sondergenehmigung, dachte er immerzu. Und warum war er ein Sonderfall?
Er musste schnellstens zu Sarah, musste das aufklären.
Der graue Himmel über Herbeck kam ihm heute besonders schmutzig vor. Das große H auf dem Hochhaus leuchtete jetzt giftig gelb. Wütend und enttäuscht beschleunigte Karl sein Elektromofa. Während der Fahrt kreisten seine Gedanken wieder nur um diese zwei Fragen:
Wer war er?
Woher kam er?

***

Franziska Dehmel unterbrach ihre Tipperei und blickte nachdenklich durch das Fenster. Als Karl ihr von seinem Besuch im Bürgerzentrum erzählt hatte, war sie stutzig geworden wegen dieser beiden Geburtstage. Ja, sie war berechnend gewesen und hatte ihn deshalb nicht fortgeschickt. Allein die Tatsache, dass diesem perfekten, für Millionen Mark aufgebauten Datenerfassungssystem ein Fehler unterlaufen sein könnte, wäre schon eine Glosse wert gewesen. Also verfolgte Franziska die Sache, sie konnte dabei nichts verlieren. Wie viel für Karl auf dem Spiel stand, hatte sie damals nicht geahnt.
Als er zum ersten Mal zu ihr gekommen war, hatte die Journalistin gerade mit der Vorbereitung einer Artikelserie zum Thema »40 Jahre IVF-Kind« begonnen. Die Serie war groß angelegt, sollte rund um den Erdball führen und mit vielen Fotos illustriert werden.
Franziska glaubt nicht an Zufälle, sie glaubt an das Schicksal.

Und dass dieser Karl Meiberg auf der Suche nach seiner Herkunft an ihre Tür geklopft hatte, als sie gerade in Material zu diesem Thema zu ertrinken drohte, war wirklich Schicksal. Denn Karl ist auch ein IVF-Kind, ein Produkt der In-vitro-Fertilisation.

Karls Leben hatte seinen Anfang nicht im Mutterleib genommen, sondern in einer Glasschale, was auf Lateinisch *in vitro* heißt. Dort hatte eine Samenzelle eine Eizelle befruchtet. Der Kennbuchstabe R dieser Sondergenehmigung weist ihn als »Retortenbaby« aus. Franziska hatte gleich Bescheid gewusst, als er sie nach dem R fragte.

Seit 1982 das erste IVF-Kind in der Bundesrepublik zur Welt gekommen war, wurden alle auf diese neue Weise gezeugten Kinder mit einem R markiert, damit Wissenschaftlerinnen sie weiter beobachten konnten. Die Medizinerinnen wollten nachweisen, dass sich »Retortenbabys« ohne Störungen entwickelten.

Bis jetzt waren alle normal, versicherte Franziska ihrem Besucher, nachdem sie ihn über den banalen Sinn des R aufgeklärt und betont hatte, das sei in der heutigen Zeit nun wirklich kein Grund mehr, sich aufzuregen.

Karl kannte den Begriff »Retortenbaby« bereits nicht mehr. Denn so hatten die außerhalb des Mutterleibes gezeugten Kinder in der Öffentlichkeit nur bis zum Jahre 1988 geheißen, dem zehnten Jahr nach der IVF-Weltpremiere beim Menschen. Danach verschwand der Begriff langsam, weil er öffentlich als inhuman kritisiert worden war.

Die Engländerin Laura Billow war im Jahre 1978 das erste erfolgreiche lebende Produkt dieser neuen Methode gewesen. Und sie wiederum hatte im Mai 2007 ihr erstes Kind zur Welt gebracht, das auf ganz altmodische, fast rückschrittliche Art und Weise gezeugt worden war. DIE WOCHE hatte damals die Fotos der glücklichen Mutter exklusiv aufgekauft und Franziska beauftragt, den Text zu verfassen. Und genau deshalb hatte ihr die Redaktion nun auch diese große Jubiläumsserie aufs Auge gedrückt: »40 Jahre IVF-Kind«. Sie sei doch so gut eingearbeitet. Und gerade da tauchte der Junge bei ihr auf, Karl Meiberg, das Kuckucksei. Er wusste wenig über »Retortenbabys«, deshalb gab sie ihm die Kopie eines alten Artikels über Laura Billow, der einige wichtige Informationen enthielt.

»Lies das erst mal, bevor wir weiterreden.«

Karl hatte sich mit dem Artikel in den großen Ledersessel verzogen, in dem er zusammengekauert saß wie ein Vogel in seinem Nest. Schon bei diesem ersten Mal war ihr aufgefallen, dass er die Welt um sich herum völlig zu vergessen schien, wenn er etwas las.

Vom »Retortenkind« zur glücklichen Mutter

Im Juli 1978 war Laura Billow zur Welt gekommen. Die britischen Mediziner Peter Simson und Richard Elton hatten die kleine Engländerin außerhalb des Mutterleibs gezeugt. Ich selbst erinnere mich noch dunkel an den Presserummel um dieses erste IVF-Kind der Welt. Die Zeitschriften überschlugen sich, der publikumswirksame Name »Retortenbaby« feierte Premiere. Meine Eltern versuchten mir, dem neugierigen sechsjährigen Mädchen, verständlich zu machen, was da im Jahre 1978 geschehen war. Sie erklärten mir, dass eine Retorte ein Glasbehälter sei. Und danach stellte ich mir eine Flasche vor, in der ein Kind saß, das an die Glaswand klopfte.

So wie mir ging es damals vielen, auch älteren Leuten: Retorte, das klang nach Menschenzucht und Doktor Frankenstein, das klang nach der »Schönen neuen Welt« des Schriftstellers Aldous Huxley, in der Embryos in zugekorkten Flaschen vom Fließband laufen.

Laura Billow, verheiratete Miller, streitet heute nicht ab, dass sie unter solchen Vorurteilen hatte leiden müssen. Sie sei zwar ein ganz normales Mädchen gewesen, doch der Presserummel, der jedes Mal an runden Geburtstagen die Wohnung der Familie zum Tollhaus gemacht hatte, habe sie immer wieder an »mein Anderssein« erinnert: »Ich hatte immer das Gefühl, die wollten sehen, ob ich noch ganz normal bin«, erzählt die 29-jährige Frau. Diesen Beweis hat sie durch die Geburt ihres Sohnes William nun endgültig erbracht. Vielleicht zeigt sie sich deshalb so stolz den Fotografen mit ihrem eigenen neugeborenen Baby auf dem Arm? Aus dem »ersten Retortenbaby der Welt« ist tatsächlich eine glückliche Mutter geworden.
Bereits im Jahre 1988 schrieb die Gesellschaft für deutsche Sprache einen Wettbewerb aus. Sie suchte einen »humaneren und angemesseneren Begriff«, der das spektakuläre Wort »Retortenbaby« ablösen sollte. Über 360 Vorschläge gingen ein. Darunter waren Begriffe wie Parababy und Außenkind, Setzling und Typenkind, Künstling und Neuzeitkind.
Die unterkühlte naturwissenschaftliche Bezeichnung »IVF-Kind« gewann schließlich und ersetzte das griffige, aber falsche Wort »Retortenbaby«. Denn das IVF-Kind war und ist kein Kunstprodukt, sondern ein Mensch wie du und ich, dessen Leben nur in den ersten zwei bis drei Tagen anders verläuft, nämlich außerhalb des Mutterleibes.
Nachdem sich in einer Glasschale Ei- und Samenzelle vereinigt haben, schwimmt der sich entwickelnde Embryo in einer Nährlösung. Ein Wärmeschrank mit steuerbarer Gasatmosphäre und einer konstanten Temperatur von 37 °C beherbergt den Keimling so lange, bis er sich zu einem Vier- oder Achtzeller entwickelt hat. Danach spülen die Mediziner den Embryo in den Uterus der leiblichen Mutter hinein. Mit dieser Methode umgehen sie gestörte oder zerstörte Eileiter, durch die ein be-

fruchtetes Ei nicht mehr in die Gebärmutter gelangen kann, oder sie bringen zu schwache, bewegungsunfähige Samenfäden direkt zur Eizelle. Viele sterile Paare kommen so zu einem leiblichen Kind.

Im Jahre 1978 war Laura Billow das einzige IVF-Kind, Anfang der achtziger Jahre gab es auf der Welt schon einige hundert, Anfang der neunziger Jahre bereits zehntausende. Seit die Erfolgsrate dieses Verfahrens von 15 Prozent auf 40 Prozent gesteigert wurde, nahmen nicht nur die Geburten nach IVF, sondern auch die Nachfrage nach der Methode sprunghaft zu. Der Förderverein »IVF für alle« meldete in seinem Jahresbericht 2006, dass in Europa die Millionengrenze überschritten sei.

Der vollkommen natürlichen Zeugung verdanken im Jahre 2006 nur noch die Hälfte der Neugeborenen ihr Leben. Bei der anderen Hälfte sind vielfältige Assistenzmethoden im Spiel, von der Samenübertragung bis zur In-vitro-Fertilisation. Denn während in den achtziger Jahren des letzten Jahrhunderts rund 10 bis 15 Prozent aller Partnerschaften ungewollt steril blieben, hat sich diese Rate inzwischen fast verdreifacht.

Schuld an der Zunahme der Sterilität sind zwei Entwicklungen: Zum einen entschließen sich Männer und Frauen immer später, ein Kind zu bekommen. Das Durchschnittsalter, in dem sie zum ersten Mal Eltern werden, ist nicht mehr das fruchtbarste Alter. Zum anderen werden Umweltgifte – darunter besonders Schwermetalle – in immer größeren Konzentrationen in den Eierstöcken oder Hoden nachgewiesen. Das hat nicht nur die Anzahl der sterilen Paare vergrößert, sondern auch die Zahl der Fehlgeburten und Totgeburten dramatisch erhöht.

Die In-vitro-Fertilisation ist inzwischen nicht mehr allein eine Sterilitätsbehandlung, sie hat sich auch einen festen Platz in der Fortpflanzungsvorsorge erobert.

Nach ersten Störfällen in den AKWs und bei der steigenden

Zahl von Öko-Katastrophen lassen immer mehr besorgte Bürger und Bürgerinnen ihre Keimzellen einfrieren, besonders dann, wenn sie sich noch unverseucht glauben oder schlimmere Unfälle in der Zukunft befürchten. Je früher eingefroren, desto unbelasteter sind die Keimzellen. Inzwischen unterhält jede Gemeinde in der Bundesrepublik kommunale Samen- und Eizellenbanken, die gut ausgelastet sind. Bei Kinderwunsch können die Partner auf die in flüssigem Stickstoff konservierten Keimzellen zurückgreifen. So sichert die IVF-Methode heutzutage gesunden Nachwuchs. Private Kliniken, die diese Fortpflanzungstechnik perfekt beherrschen, überziehen das ganze Land.

Gentests ermöglichen bereits »in der Glasschale« die frühe Entdeckung genetischer Schäden. Für die Diagnose wird eine Zelle abgezwickt und der restliche Embryo eingefroren, bis das Ergebnis des Gen-Screenings vorliegt. Passiert die Zelle, genauer ihre Erbanlage, die Qualitätskontrolle nicht, können Ärzte und Eltern gemeinsam beschließen, den kältekonservierten Embryo zu verwerfen, wie es im Fachjargon heißt, oder – was in bestimmten Fällen schon möglich ist – den Erbdefekt zu reparieren.

Ohne die IVF wäre die Bevölkerung der Bundesrepublik noch weiter zurückgegangen, vielleicht schon ausgestorben. Diese Fortpflanzungshilfe ist heute wahrlich keine Sensation mehr, sondern Alltag, und zwar glücklicher Alltag.

Laura Billow ist ihren Eltern dankbar, dass sie damals so experimentierfreudig waren: »Denn durch meine Eltern und durch mich wurde die IVF doch erst richtig bekannt gemacht. Und heute ist es eine Methode, auf die wir nicht mehr verzichten wollen und können.«

Laura Billow hat inzwischen unzählige Nachfolgerinnen. Dass sie gerade ihren Sohn auf die altmodische, unsichere Weise

zeugte, macht sie heute schon fast wieder zu einer mutigen Ausnahme. Ihr trockener Kommentar: »Ich war schon immer eher konservativ.«
(Artikel aus DIE WOCHE, Nr. 21, Mai 2007, Autorin: Franziska Dehmel)

Karl hatte ihr den Artikel mit unbeweglicher Miene und dem Kommentar zurückgegeben, bei ihr sei er wohl genau an der richtigen Adresse gelandet.
Leider, denkt Franziska heute. Hätte sie sich nur nicht reinziehen lassen! Doch nun ist es zu spät. »Auch ich hatte keine Wahl«, würde sie Karl jetzt gerne sagen. »Du hast doch nicht mehr lockergelassen und immer dein Recht gefordert, dieses Recht auf genetische Herkunft. Du hast immer gesagt, ich müsse dir helfen. Hätte ich alles geahnt, ich hätte dir nichts gesagt, hätte dir keine Artikel gegeben. Ich hätte dich weggeschickt.«
Doch Karl ist nicht da. Sie kann nicht mit ihm reden. Nur sein Tagebuch liegt vor ihr, unschuldig und unbeteiligt, eine Botschaft aus seiner Welt, zu der nur wenige Zugang hatten.

Vor zwei Jahren hatte Karl mit dem Schreiben begonnen. Anna und Dietrich hatten ihm an seinem fünfzehnten Geburtstag ein Tagebuch geschenkt. Auf dessen erster Seite steht mit grünem Filzstift – Grün ist seine Lieblingsfarbe – sein Name geschrieben und darunter zwei Sätze, die ihm sehr wichtig waren:
»Wir können unseren Kindern nur zweierlei von Dauer mitgeben – die Wurzeln und die Flügel. Adoptierte brauchen beide Elternteile, wenn sie Wurzeln und Flügel haben sollen.«
Dieses Sprichwort hatte Karl in einem Buch über Adoption aus dem Regal seines Vaters aufgestöbert. An den Titel des Buches erinnerte er sich nicht mehr. »Ich habe aber die Sätze so lange gelesen und vor mich hin gemurmelt, bis ich sie auswendig

konnte und nie mehr vergaß.« Er hatte Franziska auch erzählt, dass dieser Ausspruch von einer »leiblichen Mutter« stammen soll.

»Ich suche meine Wurzeln, damit ich losfliegen kann. Ich suche meine Eltern«, hört Franziska ihn wieder sagen.

Nachdem er ihren Artikel über Laura Billow zu Ende gelesen hatte, hatte er fast ängstlich noch einmal gefragt: »Alle IVF-Kinder haben also leibliche Eltern, oder?«

Franziska hatte ihm versichert, dass natürlich alle »Retortenbabys« eine leibliche Mutter und einen leiblichen Vater haben. Auch für sie verschmelzen eine Eizelle und eine Samenzelle mit den mütterlichen und väterlichen Erbanlagen, auch ein IVF-Kind ist ein einzigartiges Individuum, ein Mensch »wie wir alle«.

»Aber wie geht das denn zusammen: dieses R, also diese Retortenzeugung, und eine Adoption?« Karl wollte wirklich alles erklärt haben.

Franziska wusste auch hier Bescheid, doch sie wusste nicht genug. Sonst hätte sie ihm nicht geholfen. Der Fortschritt ist gnadenlos. Und deshalb schreibt sie nun Karls Geschichte für die Leser der WOCHE. Sie rückt ihren Stuhl zurecht und tippt weiter.

***

Die Suche (Teil 1, Forts.): Geheimnisvolle Geburtstage

Karl Meiberg war ein Kind, ein Jugendlicher, der ein Menschenrecht ernst nahm: Er forderte nur sein »Recht auf genetische Herkunft«. Er wollte wissen, wer seine leiblichen Eltern waren.

Als Karl Meiberg begann, das Puzzle seiner Herkunft zu lösen, kam er zu mir und bat um Unterstützung. Ich gab ihm alles Material, das ich hatte, und er informierte sich. Zusammen gingen wir der Sache nach, weil er seine Adoptiveltern nicht einbeziehen wollte. Denn seine Eltern und noch mehr dieser Staat mit seinen fortschrittsgläubigen Medizinern und Wissenschaftlern haben seine Herkunft verschleiert. Ein IVF-Kind war Ende des 20. Jahrhunderts doch wirklich nichts Besonderes mehr, weshalb also machte eine Sondergenehmigung daraus ein Geheimnis? Wer und was steckte dahinter?

Seit 1992 verpflichtet das »Gen-Gesetz« den Staat, jedem Bürger ein neues Grundrecht zu sichern: das Recht, seine genetische Herkunft zu erfahren. Das Gen-Gesetz war der notwendige – schon etwas verspätete – Versuch, Ordnung in den rasenden Fortschritt der Fortpflanzungsmedizin zu bringen.

Jahrtausendealte und immer gültig scheinende Begriffe wie Generation, Mutter und Vater, Kind und Großeltern waren plötzlich nichts mehr wert. Spektakuläre Fälle rüttelten schon vor Karl Meibergs Geburt im Jahre 1999 die ratlose Öffentlichkeit auf.

Genau wie ich Karl Meiberg davon erzählte und ihm Zeitungsausschnitte zum Lesen gab, so möchte ich auch Ihnen davon berichten. Erinnern Sie sich an diese Zeitungsmeldungen?

1978: Aus zwei mach fünf

Das Kaninchen machte es dem Menschen vor. Im Jahre 1890 gebar ein Muttertier den ersten außerhalb des Mutterleibes gezeugten Kaninchennachwuchs. Die Rückverpflanzung eines Embryos (auch Embryotransfer genannt) aus der Glasschale in den Uterus war zum ersten Mal bei einem Säugetier gelungen. Der Mensch folgte 88 Jahre später.

Die In-vitro-Fertilisation und der Embryotransfer waren ab 1978 für viele Paare die letzte Möglichkeit, ein eigenes Kind zu

bekommen. Als Sterilitätsbehandlung war die IVF von Anfang an geduldet, von vielen auch bejubelt worden.
Doch die IVF konnte aus einem Paar nicht nur glückliche Eltern machen, sie wirbelte auch die Abstammungsverhältnisse gehörig durcheinander. Denn diese Methode konnte einem Kind statt der üblichen zwei plötzlich bis zu fünf Elternteile bescheren. Und das geht so:
Der erste Vater spendet den Samen, die erste Mutter eine Eizelle. Sie sind die genetischen Eltern, weil sie das Erbmaterial liefern. Die zweite Mutter stellt ihre Gebärmutter zur Verfügung, sie verleiht ihren Uterus gegen Geld oder aus Freundschaft und deshalb heißt sie Leihmutter. Der zweite Vater und die dritte Mutter (ein Paar) adoptieren das Kind, sie werden die »sozialen« Eltern. Und das Kind hat jetzt zwei Väter und drei Mütter.

1986: Die Eiserben

Das erste Säugetier, das aus der Kälte kam, war im Jahre 1972 eine Labormaus gewesen. Menschliche Embryonen wurden zum ersten Mal 1983 eingefroren und erfolgreich wieder aufgetaut. Schon im Jahre 1986 lagerten in Australien eingefrorene Menschenembryonen in einem Kühlbehälter einer bekannten Klinik und warteten auf ihre Eltern.
Der Mutter hatten die Ärzte bei einer IVF-Behandlung unter Narkose sechs Eier entnommen. Die Spermien des Vaters hatten alle sechs befruchtet. Doch nur drei Keimlinge hatten die Mediziner in die Gebärmutter der Frau zurückgespült. Die überzähligen drei befruchteten Eier legten sie auf Eis, der Grundstoff für das zweite Kind oder den nächsten Versuch, falls sich keiner der übertragenen Embryonen in der Gebärmutterschleimhaut einnisten sollte.
Die Frau wurde nicht schwanger und Herr und Frau X unternahmen eine Reise. Das reiche südamerikanische Ehepaar

stürzte mit einem Flugzeug ab und kam dabei ums Leben. Es hinterließ ein großes Vermögen. Die kältekonservierten Achtzeller waren rechtlich und genetisch ihre Kinder. Sie wurden zu reichen Erben: Eiserben.

1987/88: Mutter = Großmutter, Schwester = Mutter

Ebenfalls in Australien beschloss eine Mutter, ihrer Tochter zu helfen. Die Tochter konnte auf natürlichem Wege nicht schwanger werden und keine Kinder austragen, da ihr in einer Operation Gebärmutter und Eileiter entfernt worden waren. Aus den intakten Eierstöcken der jungen Frau gewannen die Mediziner reife Eier und befruchteten sie erfolgreich mit dem Samen des Ehemannes. Mehrere Embryonen wurden nun in die Gebärmutter der Mutter der Ehefrau, also der zukünftigen Oma, gespült, die nun die Kinder austrug, die einmal ihre Enkel sein würden. Die 47-jährige Frau, die also Großmutter und biologische Mutter zugleich war, brachte 1988 gesunde Zwillinge zur Welt.
Im gleichen Jahr kam aus Rom die Meldung, eine 20-jährige Frau habe ihren eigenen Bruder zur Welt gebracht. Auf dem Weg der In-vitro-Befruchtung wurde ein Ei der Mutter mit dem Samen des Stiefvaters zusammengebracht, das die Tochter austrug. Der Grund: Mit fast 48 Jahren hatte ihre Mutter einen um 13 Jahre jüngeren Mann geheiratet, der unbedingt ein leibliches Kind wollte. Die Frau konnte diesen Wunsch aus Gesundheitsgründen nicht erfüllen. Die Tochter erklärte sich deshalb bereit, Leihmutter für den zukünftigen Bruder zu werden.

1995 Brutfabrik

Ein neuer Wirtschaftszweig, der ein Millionen-Dollar-Geschäft zu werden verspricht, entwickelt sich in einigen Staaten der Dritten Welt. Die Brutfabrik, die bereits in drei Ländern existiert, sieht aus wie ein Touristenhotel, doch es wohnen einheimische Frauen darin. Für Alleinerziehende und Familien stehen, je nach Kinderzahl, Zwei- bis Fünfzimmerwohnungen zur Verfügung. Die dunkelhäutigen Frauen, die hier leben, machen keinen Urlaub, sie arbeiten als Brüterinnen. Was sie »ausbrüten«, sind nicht ihre eigenen Kinder. Die können sie nicht mehr bekommen, denn sie sind sterilisiert. Die Frauen haben sich bereitwillig sterilisieren lassen, weil sie bereits genug eigene Kinder haben. Und diese Söhne und Töchter qualifizieren sie auch als Brüterin, denn sie bezeugen schließlich die für den Beruf erforderliche Gebärfähigkeit. Die Brüterinnen und ihre Familien werden gut ernährt und laufend medizinisch überwacht. Kein Wunder, dass in den armen Ländern diese Jobs heiß begehrt sind.

»Die Arbeit ist leicht«, meint Sawi und legt die Hände um ihren runden Bauch. Sie ist im siebten Monat. Ihre Brut mit der Nummer 543 kam aus der Bundesrepublik. In Tiefkühlbehältern wurden die vier- oder achtzelligen Embryonen eingeflogen und der Frau zum Zeitpunkt ihres Eisprunges eingepflanzt. Es war ihr dritter Versuch in drei aufeinander folgenden Zyklen und sie wurde schwanger: »Meine ganze Familie hat sich gefreut.« Bei vielen Kolleginnen dauert es länger. Wer nach einem Jahr nicht schwanger wird, verliert den Brüterinnenstatus. Doch das passiert ganz selten, versichert Sawi.

Steht die Niederkunft bevor, fliegen die genetischen Eltern aus der Bundesrepublik ein. Sie erhalten das Kind sofort nach der Geburt und können es mit der Milch, die Sawi vier Wochen lang abgepumpt wird, ernähren. Sie können die Leihmutter kennen lernen, aber niemand zwingt sie dazu. Danach fliegen die Bestelleltern mit dem Säugling in seine neue Heimat. Nach einer viermonatigen Erholungspause kommt Sawis Bauch erneut zum Einsatz, falls Nachfrage besteht, und die besteht fast immer.

Für die Qualität der Brüterinnen sorgt eine staatliche Institution, die auch die rechtliche Seite problemlos abwickelt. Rena Long, die Entwicklungsministerin, hat keine moralischen Bedenken: »Wir helfen unseren Familien und gleichzeitig den kinderlosen Familien in Ihrem Land. Und wir schalten private Gewinne aus. Der Profit fließt bei uns in Schulen und Krankenhäuser. Ich kann darin nichts Verwerfliches sehen.« Ministerin Long verhandelt auch mit den zuständigen Kliniken in den Herkunftsländern, die das »Brutgut« liefern, über die Honorare. Und die werden immer höher. Der Durchschnittspreis liegt inzwischen bei 20000 Dollar, die Wartezeit beträgt ein Jahr. Denn seit dem Jahre 1993 ist die Leihmutterschaft in ganz Europa verboten und die Nachfrage nach Brüterinnen übersteigt bei weitem das Angebot.

Das Gespräch zwischen dem Schüler Karl Meiberg und mir, der Journalistin, dauerte über fünf Stunden. Irgendwann an diesem Nachmittag glaubten wir, das Geheimnis der zwei Geburtstage gelöst zu haben.
Wir kamen zu dem Schluss: Karl Meiberg war einfach pränatal adoptiert worden, also vor seiner Geburt, vielleicht sogar noch im tiefgefrorenen Zustand.
Die Adoption eines im Kühlbehälter gelagerten Acht- oder Sechzehnzellers hatte die Deutsche Ärztekammer bereits 1984 gebilligt und sogar empfohlen.
»In Ihrem Fall haben die zuständigen Stellen diese vorgeburtliche Adoption wahrscheinlich am 5. Februar 1999 amtlich registriert«, erklärte ich Karl Meiberg meine Vermutung. »Zu diesem Zeitpunkt hatten sich Anna und Dietrich Meiberg also schon bereit erklärt, die sozialen Eltern zu werden, ohne Wenn und Aber. Das erste Datum ist daher der Tag Ihrer sozialen Geburt.«

»Und wie ging es weiter?«

»Danach wurden Sie aufgetaut und einer Leihmutter eingesetzt, die Sie an dem zweiten Datum geboren hat. Der 15. November 1999, also der Tag Ihrer biologischen Geburt, wurde als zweiter Geburtstermin registriert, für die Abstammungs- und Geburtsurkunde.«

Diese mögliche Lösung erschien uns sehr stimmig, weil zwischen dem ersten und dem zweiten Geburtsdatum fast genau neun Monate lagen.

»So kann es gewesen sein.« Karl Meiberg war erleichtert.

Ich nickte und fragte nochmals nach: »Sind Sie auch sicher, dass Dietrich nicht Ihr leiblicher Vater ist?«

»Ganz sicher, das hätte er doch spätestens zugegeben, als ich anfing, ihm Vorwürfe zu machen.«

Das klang einleuchtend und so war am Ende dieses langen Nachmittages klar, wonach wir suchen mussten:

1) nach dem genetischen Vater (männliche Person) und nach der Mutter (weibliche Person), die ihre Keimzelle und ihre Gebärmutter ausgeliehen hatte, als Ehefrau oder Leihmutter;

2) wieder nach dem genetischen Vater, aber diesmal nach zwei Müttern (zwei weiblichen Personen), von denen eine nur ihre Eizelle zur Verfügung gestellt hatte (wahrscheinlich Ehefrau des genetischen Vaters). Die zweite Frau hatte den Embryo Karl in ihrer Gebärmutter ausgetragen (Leihmutter).

Ich musste Karl nochmals versprechen, die Nachforschungen durchzuführen, ohne seine Adoptiveltern einzubeziehen. Ich gab ihm darauf meine Hand. Mein Ehrgeiz und sein Verlangen, alles zu erfahren, verbanden sich ab diesem Zeitpunkt. Wir sollten ein erfolgreiches Team werden.

***

Franziska unterbricht ihre Schreiberei. Sie muss an Sarah denken. Was würde sie sagen, wenn sie wüsste, dass Franziska Karls Tagebuch vor sich liegen hat? Sarah war lange Zeit sehr misstrauisch gewesen. Sie hatte die Journalistin dafür verantwortlich gemacht, dass Karl sich immer mehr von ihr zurückzog und fast besessen alles wissen wollte, was mit der IVF und dem ganzen medizinischen Kram zusammenhing.
Franziska fühlt sich schuldig, als sie nun in seinem Tagebuch liest.

Karls Tagebuch, 29. Januar 2016, 20 Uhr
Der erste Mittag bei Frau Dehmel war anstrengend. Sie war arrogant und abweisend, aber dann taute sie auf. Sie ist genau die Richtige, sie weiß unheimlich gut Bescheid. Sie gab mir verschiedene Artikel und Notizen zum Lesen, in denen es von IVF, Embryotransfer und Leihmüttern nur so wimmelte. Und dann haben wir kombiniert.
Sie meint, dass ich sehr wahrscheinlich ein adoptiertes IVF-Kind bin, das noch dazu von einer Leihmutter ausgetragen wurde. Das könnte nicht nur das R, sondern auch diese Sondergenehmigung erklären, denn von 1993 bis ins Jahr 1999 hinein war eine Leihmutterschaft in Europa verboten. Vielleicht haben sie bei mir aus irgendwelchen Gründen eine Ausnahme gemacht – auf Antrag. Aber wer hat dieses SGR 1999 erwirkt und warum?
Wenn sie Recht hat, könnte ich außer Anna und Dietrich noch drei Elternteile haben: einen genetischen Vater und eine genetische Mutter, und dann ist da vielleicht noch diese Leihmutter im Spiel.
Alles ist besser als die Ungewissheit und Leere. Und unter den dreien, wenn es sie gibt, sind sicher ein oder zwei auch ganz in Ordnung.

Ich weiß noch nicht, was ich davon halten soll. Ich bin durcheinander. Was bringt Leute dazu, aus fünf einen zu machen, nämlich mich? Und was steckt von ihnen in mir?
Mir ist nicht wohl bei der Sache, aber gleichzeitig fühle ich mich erleichtert. Ich bin meiner Herkunft auf der Spur. Auch Sarah meint, dass allein das zählt. Ich werde erfahren, von wem ich abstamme.
Franziska Dehmel ist wie ein guter Spürhund. Und am Ende war sie auch nicht mehr so überheblich. Sie will einen Termin bei einer Gruppe machen, die sich mit solchen Fortpflanzungsfragen befasst. »Anti-Gen« heißt der Verein. Spätestens in einer Woche gehen wir dorthin. Das ist mir recht, denn bis dahin kann und muss ich mich erst an einiges gewöhnen:
1) Ich bin wahrscheinlich ein adoptiertes Retortenbaby.
2) Ich habe außer Anna und Dietrich wahrscheinlich noch zwei oder drei Elternteile.
Wer ist am wichtigsten?
Kennen sie mich?
Wem bin ich am ähnlichsten?

Franziska lässt das Tagebuch sinken. Sie sieht Karl wieder auf dem Teppichboden sitzen, wie er ernst dreinblickend in den medizinischen Büchern blättert und sich Notizen macht, kaum etwas sagt, nur ab und zu stöhnt oder den Kopf schüttelt.
Sarah hatte über sie beide gewitzelt, Franziska sei Frau Sherlock Holmes und Karl der Doktor Watson.
In Karls Tagebuch klebt ein Foto, das ihn und seine Freundin zusammen zeigt. Sarah ist genau das Gegenteil von Karl, der auch auf dem Schnappschuss so verdammt ernst wirkt. Sie dagegen lacht über das ganze Gesicht und schiebt das Kinn kess nach vorn. Richtig vorwitzig sieht Sarah aus mit ihrem Kurz-

haarschnitt und dem kleinen, goldenen Ohrring, der an ihrem linken Ohrläppchen funkelt. Der war ein Geschenk von Karl zu ihrem siebzehnten Geburtstag in diesem Sommer.
»Die zwei sind ja eine extreme Mischung. Aber der heiße Feger wird den Kalten Karl schon auftauen.« Fabian hatte mit dieser Bemerkung sicher nicht Unrecht.
Seit Karl verschwunden ist, haben sich Sarah und Franziska öfter getroffen. Die Journalistin erzählte von ihrer Suche und Sarah einiges aus ihrer Freundschaft mit dem Kalten Karl. Aber Franziska hat ihr verheimlicht, dass sie im Besitz von Karls Tagebuch ist. Denn Sarah hätte es sicher haben wollen. Und sie wäre erneut verletzt gewesen, weil Karl das Buch an Franziska und nicht an seine Freundin geschickt hat. Franziska hat geschwiegen, weil sie das gerade langsam entstehende Vertrauen zwischen ihnen nicht aufs Spiel setzen wollte.
Um nun weiterzuschreiben, ist sie zu müde und unkonzentriert. Aber in die Tonbandkassette will sie gerne noch einmal reinhören. Acht Tage nach Karls Verschwinden hatte sie mit Sarah ein langes Gespräch geführt. Sarah war damit einverstanden gewesen, dass dabei das Tonband lief. Denn auch sie hatte Franziska ermutigt, Karls Geschichte aufzuschreiben, und dafür ihre Mithilfe angeboten.
Franziska schiebt die Kassette in das Abspielgerät und drückt die Starttaste.

Tonbandaufnahme des Gespräches zwischen Franziska Dehmel und Sarah Haug vom 13. Dezember 2016

Sarah: Wo soll ich denn anfangen? Ich weiß nicht, wie ich anfangen soll.
Franziska: Erzähl doch einfach mal, wie ihr euch kennen gelernt habt. Wann habt ihr euch denn zum ersten Mal getroffen?
Sarah: Also, das ging mehr von mir aus. Karl war mir in der

Schule aufgefallen, in der Pause und bei Veranstaltungen. Ich gehe ja in die Klasse unter ihm. Er gefiel mir einfach, wie er aussah und sich bewegte. Er war auch nicht so kindisch und machte nicht dauernd so blöde Sprüche wie die anderen Jungens, na eben wie zum Beispiel der liebe Fabian. Das kann ich nicht ab, diese Angeberei, dieser Wettbewerb, wer den flottesten Spruch draufhat.

Und da habe ich eben öfters zu Karl hingeguckt. Ich war mir sicher, dass er es bemerkt hat, aber gezeigt hat er es nicht. Ich war schon richtig beleidigt. Aber ich bin jemand, der nicht lockerlässt. Und ich wusste ja auch, dass die anderen ihn den Kalten Karl nennen, das passte wirklich zu ihm. Und da habe ich so eine Art Ehrgeiz entwickelt. Die Nuss knacke ich, hab ich mir geschworen.

Ich habe unauffällig rumgehört, was der Karl nach der Schule so treibt. Und da habe ich erfahren, dass er begeisterter Kinogänger ist und kaum einen neuen Film verpasst. Ich bin dann auch öfters ins Kino gegangen. Und ich habe ihn tatsächlich eines Tages entdeckt, als er vorne in der Schlange vor der Kasse stand. Ich also nichts wie hin und gefragt, ob er auch für mich eine Karte kauft. Das hat er gemacht, er konnte ja schlecht Nein sagen.

Und außerdem hat er rote Ohren gekriegt, als ich ihn angesprochen habe. Er war also gar nicht so ein Eisklotz! Und dann bin ich einfach nicht mehr von seiner Seite gewichen und wir setzten uns nebeneinander. Im Kino lief ein Krimi, und das passte natürlich. *(Sie lacht.)* Denn als es spannend wurde und eine Szene kam, wo alle fürchterlich erschrocken sind, habe ich nach seiner Hand gegriffen. Da hat's gefunkt zwischen uns und ab da war alles klar.

Wir haben uns öfters gesehen, mal bei mir zu Hause, mal bei ihm, viel geredet, und wir fühlten uns einfach wohl, wenn wir zusammen waren. Er hat mich nie gedrängt, mit ihm ins Bett zu gehen. Mir war das ganz recht so, da hatte ich die Sache in der Hand. Karl war zärtlich, aber trotzdem immer sehr zurückhaltend. Nie hat er mal gesagt, ich liebe dich.

Ob das mit ihr, mit dieser Mutter, zusammenhängt? Vielleicht …

Franziska: Vielleicht … er kann seine Gefühle wirklich schlecht zeigen. Aber in dich war und ist er schwer verliebt, ganz sicher.

Sarah: Das hab ich auch gemerkt und deshalb haben wir schließlich auch zusammen geschlafen. Das war am 27. Oktober letzten Jahres. Den Tag habe ich mir gemerkt und sogar in meinem Kalender eingetragen. Denn es war für mich und auch für ihn schließlich das allererste Mal … und es war sehr schön.

Er hat mir später oft gesagt, dass das Zusammensein mit mir sehr viele Fragen in ihm aufrührt. Besonders die Frage, wer seine leiblichen Eltern sind, wurde immer wichtiger für ihn. Warum sie ihn weggegeben haben und so weiter, das beschäftigte ihn total.

Ich hab das zwar verstanden, und meine Mutter hat mir erklärt, dass viele Adoptivkinder so empfinden. Sie hat da als Sozialarbeiterin einige Erfahrungen. Aber ich fand trotzdem, dass Karl alles übertrieben hat. Und für mich war und ist das egal, von wem er abstammt. Ich mag ihn so, wie er ist. Ich hab ihm gesagt, denk nicht so viel nach, das bringt dich durcheinander, ganz konfus kam er mir manchmal vor.

Ich lernte dann auch Anna und Dietrich besser kennen. Ich fand sie sehr nett und ich verstand immer weniger, warum er sie so ablehnte. Doch das wurde bei ihm ständig stärker. Er hat sich da richtig reingesteigert.

Und dann hat er mir noch vorgeworfen, dass ich der Auslöser bin, dass ich ihn durcheinander bringe. Nur weil ich seine Freundin bin, nur weil ich ihn gern hab. Ich konnte doch nun

wirklich nichts dafür, dass seine leiblichen Eltern, aus welchen Gründen auch immer, unbekannt bleiben wollten.
Ich hab ihm schon gesagt, dass er auch deren Gründe vielleicht mal respektieren sollte. Aber davon wollte er überhaupt nichts hören.
Wir hatten deshalb öfters Krach. Er konnte ja genauso stur sein wie ich. Und einmal habe ich ihm im Streit an den Kopf geworfen, dass so ein netter Mann wie Dietrich ja gar nicht sein Vater sein kann. Da ist er total eingefroren.
Das war überhaupt immer das Schlimmste an ihm. Wenn er zumachte, dann kam niemand mehr an ihn ran. Das war, als ob eine Zementmauer um ihn herum war, ein Klotz, an dem alles abprallte.
Das kam öfters vor, alles war dicht. Er schrie dann nicht, tobte nicht, nichts Greifbares war mehr da. Er wollte dann nur noch allein sein.
Ich hab ihm gesagt, wie schwer es für mich ist, ihn zu verstehen. Aber dass ich ihm trotzdem bei dieser Suche nach seinen Eltern helfen will, so gut ich kann.
Damals hat er mir zum ersten Mal von dir erzählt. Er hat gesagt, dass er bei dir war und dass du ihm helfen wirst. Das könntest du besser als ich, weil du Journalistin bist. Ich war schon etwas eingeschnappt, dass er noch mit jemand anderem darüber gesprochen hat. Ja, und ich gebe es zu, ich war ein wenig eifersüchtig. Du siehst ja nicht schlecht aus, für dein Alter. Du bist ganz schön attraktiv, selbstbewusst und …
Franziska: Also hör mal, ich bin 44! Und Karl ist so alt wie mein Sohn …
Sarah: Das hat's alles schon gegeben, solche Sachen. Und ich habe mir ja auch nicht vorgestellt, dass ihr immer gleich ins Bett hüpft, wenn er dich besuchen kommt. Aber Karl war von dir ziemlich fasziniert, das hat er auch mal so angedeutet. Und

dann kam er schließlich immer öfter zu dir. Nachmittagelang hockte er bei dir rum und ich war ausgeschlossen. Und dabei ging es schließlich um Dinge, die für ihn unheimlich wichtig waren. Das machte mich schon eifersüchtig. Und ich spielte eben nicht mehr die Hauptrolle. Diese Suche nach seinen Eltern war für ihn das Wichtigste überhaupt geworden. Das machte viele Gefühle kaputt ...

Franziska: Diese verdammte Suche! Glaub mir, manchmal wäre ich froh, ich hätte ihn rechtzeitig weggeschickt und nicht mitgemacht ...

Sarah: Zu spät, jetzt ist er weg. Glaubst du, er kommt zurück? Anna hat Angst, er könnte sich etwas antun. Sie hat mich schon richtig angesteckt. Ich habe überall rumgefragt, ob ihn jemand gesehen hat, und ich bin auch schon zu seinem Lieblingsplatz am Alten Fluss gegangen, obwohl ich es dort ziemlich unheimlich finde. Aber keine Spur von ihm, nichts. Glaubst du denn auch, er könnte sich was antun? Sei ehrlich.

Franziska: Quatsch, das macht er nicht! Karl tut sich nichts an. Schon wegen dir macht er das nicht. Das meint übrigens auch Fabian. Und deshalb schreibe ich ja auch seine Geschichte auf, weil ich glaube, dass er sie liest und sich danach meldet ... Aber lass uns nicht rumspekulieren, wir machen uns nur verrückt. Erzähl einfach weiter. Was fällt dir noch zu Karl ein? Du kennst ihn doch viel besser als ich. Was war denn noch typisch für ihn?

Sarah: Ich denke eigentlich dauernd an ihn. Und wenn ich an ihn denke, sehe ich ihn vor mir, wie er ein Buch liest. Das war wirklich ganz typisch für ihn. Er nahm sich ein Buch und dann war er allein mit diesem Buch. Niemand um ihn herum existierte.

Karl war ein Einzelgänger, er war das eigentlich gerne, aber manchmal litt er schrecklich darunter. Ich bin anders, hat er oft gesagt, wenn wir diskutiert haben. Und zerrissen hat er sich gefühlt. Das Wort »zerrissen« hat er oft gebraucht.

Als er mir zum ersten Mal erzählt hat, dass er nicht weinen kann, habe ich gesagt, sei doch froh. Dann gibt's wahrscheinlich auch nichts, über das du weinen müsstest, du Glücklicher. Aber mit der Zeit hat mir das schon Angst gemacht. Jeder Mensch weint irgendwann mal, und das tut doch gut, weinen zu können, ob aus Freude, Trauer oder Schmerz. Das gehört zum Menschsein dazu. Ohne Weinen fehlt was.
Dass er nicht weinen konnte, war wohl auch ein Zeichen, dass in ihm etwas zerbrochen ist, als er ganz klein war. Da ist etwas kaputtgegangen. So seh ich das wenigstens heute. Damals habe ich das nicht so ernst genommen.
Franziska: Wir sollten uns keine Vorwürfe machen ... Aber was ich dich schon lange einmal fragen wollte, warum hast du manchmal »mein Schwan« zu ihm gesagt? Ich habe Karl einmal danach gefragt, aber er hat nur abgewinkt und gemurmelt, das sei Blödsinn.
Sarah: Das war kein Blödsinn und er hat den Namen auch gerne gemocht. Ich hab ihm zu seinem Geburtstag im Februar ein Märchenbuch gekauft, besonders wegen der Geschichte vom hässlichen Entlein. Er hat sie gerne gelesen und ich hab sie ihm oft erzählen müssen, wenn wir zusammen auf dem Bett lagen. Und in dieser Geschichte kommt eben ein Schwan vor. Weißt du noch, wie sie geht? Nein? Dann erzähl ich sie dir kurz.
Also, die Geschichte handelt von einem hässlichen Entlein. Verglichen mit seinen Geschwistern, die gleichzeitig aus den Eiern geschlüpft sind, ist es zerzaust, grau und hat eine andere Gestalt. Die Füße sind zu groß, der Kopf zu schwer und der Hals zu lang. Niemand weiß, wo es herkommt, von wem es abstammt, und keiner will es haben. Doch mit der Zeit wird das hässliche Entlein immer schöner und größer, sein Gefieder wird immer heller und schließlich ist es strahlend weiß. Jetzt entdecken alle, dass das ehemals hässliche Entlein von den

schönen stolzen Schwänen abstammt. Und mit denen fliegt es dann eines Tages weg in den warmen Süden.
Karl mochte diese Geschichte, es war unsere Geschichte. Es war ein kleines Geheimnis zwischen uns. Wahrscheinlich hat er dir das nicht sagen wollen.
Diese Geschichte passt gut auf ihn, findest du nicht auch? Ich habe ihm das Märchen damals gekauft, weil ich ihm Mut machen wollte. Denn ihr hattet ja schon mit den Nachforschungen begonnen und ihr wart gerade bei dieser Anti-Gen-Gruppe gewesen. Die hatten doch Karl Hoffnungen gemacht, dass die Akten vom Bürgerzentrum rausgegeben werden.
An diesem Abend, also an seinem Geburtstag, ist Karl vor lauter Freude mit ausgebreiteten Armen durchs Zimmer gehüpft und hat gerufen: Der Schwan fliegt los. So froh und glücklich hatte ich ihn noch nie gesehen. Und nie wieder hat er sich so gefreut.

Franziska stellt das Tonband ab. Schluss für heute. Eine heiße Dusche wird ihr gut tun. Als das Wasser auf die verspannten Schultern prasselt, überlegt sie schuldbewusst zum ersten Mal an diesem Dezembertag, ob sich Fabian bei den Freunden auf dem Land wohl fühlt. Sie hat ihn vernachlässigt, besonders in den letzten Wochen. Doch sie wird es wieder gutmachen.
Franziskas Gedanken verweilen nicht lange bei Fabian. Ihr kommt Anna Meiberg in den Sinn, die ständig von ihrem Sohn Karl spricht. Sie betont das immer besonders: mein Sohn. Sie habe große Angst, dass ihm etwas passiert sei, hatte sie vorgestern Franziska bei einem Anruf gestanden. Mit ihrem Mann könne sie schlecht darüber reden. Dietrich sei sehr still geworden, seit dem Tag, an dem Karl wegging.
Franziska reibt sich trocken. Sie wird Karl einfach nicht los, jeder Gedanke landet bei ihm. Auch als sie sich in ihrem frisch

bezogenen Bett wohlig rekelt, kommt sie nur schwer zur Ruhe.
Sätze, die sie morgen zu Papier bringen will, schwirren ihr durch den Kopf, werden verworfen und neu formuliert. Im Halbschlaf überlegt sie sich Überschriften für den zweiten Teil ihres Artikels. Denn die Suche geht weiter.
Karl hat einmal gesagt, alles sei ein Sumpf. »Überall, wo wir nachbohren, gibt der Sumpf nach. Es kommt aber immer wieder neuer Dreck nach oben, der Sumpf bleibt undurchdringlich.«
Recht hatte er. Deshalb wird sie den zweiten Teil ihres Artikels »Der Sumpf« nennen. Oder noch besser »Gensumpf«. Das ist genau die Überschrift, die sie braucht. Gensumpf ist Franziskas letzter klarer Gedanke, bevor sie in einen schweren traumlosen Schlaf hineinrutscht.

***

Die Suche (Teil 2): Gensumpf

Das Herbecker Anti-Gen-Büro begrüßte uns mit einem Aufkleber. Auf der Eingangstür las Karl Meiberg: »Gentest – ohne mich« und »Wir wollen alles Gen(au)-Wissen«. Er war an der richtigen Adresse.
Anti-Gen, dieser Zusammenschluss von Bürgerinnen und Wissenschaftlerinnen, der seit 25 Jahren besteht, ist heute so bekannt wie früher Greenpeace oder Robin Wood. Auf die Frage »Kennen Sie die Gruppe Anti-Gen?« antworten rund 80 Prozent der Bundesbürger mit Ja. Statt wie früher Umweltschutz ist heute Gen-Schutz das Thema Nummer eins. Genetische Selbstbestimmung und Öffentlichkeit aller Forschungsvorhaben sind die beiden zentralen Anliegen der Gruppe, die von

den Medien oft als »Die Wacht am Gen« tituliert wird. Das Herbecker Büro der Gen-Wächter leitet Dagmar Bruhns, die ich als Journalistin schon oft besucht habe. Die vierundfünfzigjährige Biologin gehört zur Gründungsmannschaft der Organisation, deren zweite Vorsitzende sie seit vielen Jahren ist.

»Wir sind heute noch wichtiger als vor fünfundzwanzig Jahren«, behauptete die dunkelhaarige Frau voller Selbstbewusstsein und rückte ihre schmale Lesebrille zurecht, hinter der sich zwei kluge, aufmerksame Augen verbergen.

Dagmar Bruhns hatte früher im IVF-Team einer süddeutschen Universitätsklinik gearbeitet, wo sie das Labor geleitet hatte, in dem die außerkörperliche Befruchtung stattfand. Weil sie gegen eine zwangsverordnete, neue Form der Auslese war, entschied sich die Biologin mit dreißig Jahren gegen eine Wissenschaftskarriere, nachdem sie ihren Doktortitel erworben hatte. »Diesen Entschluss habe ich nie bereut. Ich wollte lieber durch mein Wissen mithelfen, eine Gegenöffentlichkeit herzustellen.«

Sie erzählte, wie sie Ende der neunziger Jahre die neue Kampagne mit dem alten Slogan »Mein Bauch gehört mir« ins Leben gerufen hatte, mit der Anti-Gen erst richtig bekannt wurde.

Karl wurde aufmerksam. Sie sprach über die Zeit, in der er geboren wurde. »Um was ging es denn damals?«

»Wir mussten das Recht der Frauen verteidigen, ein Kind ohne vorgeburtliche Untersuchungen zu gebären, wenn sie es wollten«, erklärte ihm Dagmar Bruhns. »Nachdem besonders die Chorionzottenbiopsie und der Gentest für den IVF-Embryo weiterentwickelt worden waren, wuchs der Druck auf alle Gebärenden, nur noch gesunde Kinder auszutragen. Die Krankenversicherungen hatten zum Beispiel erste Pläne in der Schublade, einen Gentest auf Diabetes zur Pflicht zu machen. Bei einem positiven Testergebnis wollten sie die Eltern zur späteren Kostenübernahme verpflichten, und zwar entsprechend der ermittelten Wahrscheinlichkeit, mit der später die Zuckerkrankheit ausbrechen würde. Natürlich hätten die Krankenkassen in solchen Fällen nicht automatisch eine Abtreibung verlangen können. Das hätte sogar damals noch einen öffentlichen Aufschrei der Empörung provoziert. Aber bei einer IVF-Zeugung – und die nahm ständig zu – wollten die Kassen empfehlen, den Embryo mit einer solchen Veranlagung lieber zu verwerfen. Wir konnten die Öffentlichkeit dagegen mobilisieren und diese Pläne stoppen.«

Dagmar Bruhns war wirklich die beste Gesprächspartnerin, die Karl sich wünschen konnte. Um seine Herkunft aufzudecken, mussten wir schließlich siebzehn Jahre zurückgehen. Und die Biologin, die von Anfang an dabei war, wusste über »damals« noch genau Bescheid.

Als Karl Meiberg an der Reihe war, seine Geschichte zu erzählen und etwas über sein Anliegen, begann er mit den zwei Geburtstagen und endete mit dem Satz: »Und Frau Dehmel meint, ich bin als IVF-Embryo adoptiert worden.«

Dieses Stichwort griff ich auf, und wieder spekulierten wir über die fünf Elternteile, die Karl vielleicht haben könnte. Dagmar Bruhns schaute interessiert und fand unsere Gedanken stimmig: »Eine vorgeburtliche Adoption könnte die zwei Geburtstage tatsächlich erklären. Das klingt einleuchtend. Und diese Sondergenehmigung hat möglicherweise nur die Identität der genetischen Eltern geschützt. Entweder hat die Embryonenmutter das Kind selbst ausgetragen oder es einer anderen Frau, der Leihmutter, übergeben.«

»War denn damals nicht jede Form der Leihmutterschaft noch verboten?«, warf ich ein.

»Das änderte sich gerade zu diesem fraglichen Zeitpunkt.«

Dagmar Bruhns war sich vollkommen sicher. »Ab dem 1. Februar 1999 wurde das gesetzliche Verbot aufgehoben. Nur zehn Jahre lang hat es gegolten.«
»Und warum denn?«, fragte Karl interessiert.
Dagmar Bruhns holte aus, sie redete gerne und engagiert. »Ich war in den achtziger Jahren noch Studentin und auch ich habe mich damals für dieses Verbot eingesetzt. Ich hatte Kontakt mit einer kritischen Frauengruppe, die gegen diese neuen Biotechniken war. Wir haben nur mit legalen Mitteln gearbeitet, also mit Aufklärung, Demos und so weiter. Damals tobte eine heftige Diskussion um diese Leihmutterschaft.
Wir fanden es entwürdigend, dass eine Frau zur Gebärmaschine erniedrigt wird. Ich sah darin auch eine moderne Form der Leibeigenschaft. Was ist das denn sonst anderes, wenn man den Körper eines Menschen anmietet? Es kam sogar vor, dass Männer ihre Frauen zwangen, als Leihmutter zu arbeiten, wegen des Geldes. Immerhin brachten diese neun Monate 20000 Mark und mehr ein und – wie viele dachten – einfach so nebenbei. Die Bezahlung war Verhandlungssache, Angebot und Nachfrage regelten die Preise.
Da entstand viel seelisches Elend. Die Frauen mussten das Kind während der Schwangerschaft bewusst ablehnen, um sich nicht zu stark an es zu binden. Aber manche schafften das einfach nicht und wollten das Kind nach der Geburt behalten. Es gab deswegen viele wüste Prozesse von Bestelleltern, die oft monatelang dauerten.
Andererseits blieben Leihmütter auf den bestellten Kindern sitzen, wenn diese krank oder behindert zur Welt kamen. Denn das Gesetz erklärte immer die Frau zur Mutter, die ein Kind geboren hatte. Kinder verkamen da wirklich zur Ware. Das alles galt übrigens für beide Formen der Leihmutterschaft. Egal, ob eine Frau ein IVF-Kind austrug oder ob sie auch noch eine Ei-

zelle lieferte, also die genetische Mutter war. Im letzten Fall war alles nur doppelt pervers.
Andere sahen darin nichts Schlimmes, wenn eine Frau ihre Eizelle verkaufen oder Gebärmutter vermieten wollte. Das sei ihr persönliches Recht und allein ihre freie Entscheidung. War das wirklich so viel schlimmer, fragten viele, als der Verkauf der Arbeitskraft oder des Körpers, wenn eine Frau als Prostituierte arbeitete? War das nicht sogar eine gute Verdienstmöglichkeit für allein erziehende Mütter und arbeitslose Frauen? Ich fand immer, das waren besonders zynische Argumente.«
»Auf was Leute so alles kommen, ist wirklich irre«, stimmte Karl ihr nachdenklich zu.
Dagmar Bruhns sah ihn aufmerksam an. »Trotzdem, viele forderten kein Verbot, sondern bessere Regelungen. Eine ordentliche Bezahlung und Versorgung während der Schwangerschaft sollte in Musterverträgen abgesichert werden, genau wie eine Baby-Abnahmepflicht der Bestelleltern. Und natürlich sollte das Recht geändert werden. Die drei Formen der Mutterschaft sollten anerkannt und ihr Verhältnis untereinander klar definiert werden: die soziale, genetische und tragende Mutter.«
Im Jahre 1989 wurde die Leihmutterschaft in der Bundesrepublik verboten, die Europäische Gemeinschaft zog 1993 nach. Die nachfolgenden Jahre bezeichnete Dagmar Bruhns als eine bittere Lektion. »Was einmal in der Welt ist, lässt sich kaum wieder verbieten. Das habe ich da gelernt. Ich musste zusehen und erleben, dass durch das Verbot nur noch mehr Elend entstand. Frauen, die illegal als Leihmutter arbeiteten, hatten keinerlei Rechte mehr. Und das Schlimmste, es entstand dieser Fortpflanzungstourismus in die Dritte Welt. Ihr wisst von diesen Brutfabriken?« Wir nickten und sie fuhr fort: »Das Schlimmste aber ist, dass heute in der Bundesrepublik ein Bedarf für solche Leihmütter wirklich besteht. Weil immer mehr Frauen durch

die Umweltgifte zu Fehlgeburten neigen oder nicht mehr schwanger werden, garantieren eigentlich nur Leihmütter in Verbindung mit der IVF vielen Menschen ein Kind. So um das Jahr 1997«, erinnerte sie sich, »schwenkte die öffentliche Meinung langsam um. Heute kräht kein Hahn mehr danach. Leihmutter zu sein – manche sagen auch Brüterin dazu – ist ein angesehener Beruf geworden. Ethik steht wirklich nicht still.«
Und nun kam eine sehr wichtige Information: »Seit dem Jahre 1999 vermitteln vier staatliche Agenturen Leihmütter und einige Kliniken erhielten Leihmutter-Lizenzen. Dazu gehörte von Anfang an die Albert-Schweitzer-Klinik«, Dagmar Bruhns wandte sich an Karl, »wo Sie geboren und zur Adoption vermittelt wurden.«
Sie versprach Karl, alle Unterlagen mit einem kleinen Bericht über unser Gespräch sofort an die Frankfurter Anti-Gen-Zentrale weiterzuleiten. »In unserer Rechtsabteilung arbeiten heute zehn fest angestellte Juristen. Sie können die Flut der Anfragen kaum bewältigen. Aber Ihr Fall scheint nicht sehr kompliziert zu sein. Ich denke, das geht schnell über die Bühne, vielleicht noch bis zu Ihrem Geburtstag. Wir haben da wirklich Erfahrung.«

Anti-Gen überwacht seit Jahren und mit viel Erfolg die Durchführung des Gen-Gesetzes von 1992, das die persönliche Verfügung über genetische Fingerabdrücke sichert und das Grundrecht auf Kenntnis der genetischen Herkunft garantiert. Das ist inzwischen für viele ein wichtiges Anliegen geworden. Weil heute die Hälfte aller Neugeborenen mit Fortpflanzungshilfen – seien es Samen-, Ei- oder Embryonenspenden – entstehen, ist die Rechtsunsicherheit schnell gewachsen.
Immer häufiger kommt es vor, dass Eigentümer von Keimzellen, die in den Samenbanken lagern, sterben. Wem gehören dann die tiefgefrorenen Ei- und Samenzellen? Darf zum Bei-

spiel eine Frau mit dem Samen ihres verstorbenen Mannes noch ein Kind bekommen, wenn von ihm keine schriftliche Einwilligung vorliegt?
Weit verbreitet sind daher inzwischen Keimzellen- und Gentestamente, die zum Beispiel nach Todesfällen den Verkauf solchen Materials an Forschungseinrichtungen regeln, seine Vernichtung anordnen oder es zur Post-mortem-Zeugung freigeben. Auch für kältegelagerte Embryonen wird in solchen Verfügungen die Adoption geregelt und die Erbschaftsfolge bestimmt, falls die genetischen Eltern unverhofft sterben.
Karl Meiberg, der gespannt zugehört hatte, grinste: »Vielleicht bin ich ja ein stinkreicher Eiserbe und keiner weiß es.«
Dagmar Bruhns lachte. »Wahrscheinlich ist es viel banaler. Ich vermute eher, dass bei Ihnen nur einiges durcheinander geraten ist. Und außerdem garantiert das Gen-Gesetz, da bin ich mir sicher, dass diese komische Sondergenehmigung SGR 1999 auf Antrag schnell außer Kraft gesetzt wird. Sie sind schließlich über sechzehn Jahre.«
Karl erinnerte Dagmar Bruhns sofort daran, den Antrag unbedingt an meine Adresse zu schicken, weil er immer noch verhindern wollte, dass seine Eltern etwas von den Nachforschungen erfuhren. Dann brachte er zum Schluss die für ihn wichtigste Frage noch einmal ins Gespräch: »Was meinen Sie persönlich denn zu allem? Wer könnte mich in Auftrag gegeben und eine Leihmutter bestellt haben?«
Dagmar Bruhns vermutete, dass es seine Eltern selbst gewesen waren.
»Aber das hätten sie mir doch gesagt«, hielt Karl ihr entgegen.
»Viele Leute schämen sich dafür«, erklärte sie ihm ruhig, »das müssen Sie verstehen. Für viele ist es eine große Kränkung, dass sie nur so zu einem Kind kommen können. Und 1999 fing dieses Leihmuttergeschäft gerade erst wieder an. Da gab es noch viele

Vorurteile. Vielleicht brachten Ihre Eltern es einfach nicht fertig, Ihnen alles zu sagen.« Sie riet uns, nichts Neues zu unternehmen, bis der Antrag im Bürgerzentrum eingereicht sei. »Denn ich garantiere euch, dann passiert was.«
Karl wirkte erschöpft am Ende unseres Besuches. Als wir uns verabschiedeten und hinausgingen, fiel Karls Blick wieder auf den Aufkleber an der Tür. »Kann ich so ein Ding bekommen?«, fragte er. »Ich will es in mein Tagebuch einkleben.« Er deutete mit dem Finger auf den blauen runden Kreis mit den weißen Buchstaben: »Wir wollen alles Gen(au)-Wissen«.

***

Nach diesem ersten Besuch bei Anti-Gen waren sie ein Stück zusammen gegangen, erinnert sich Franziska. Karls Elternhaus lag in der autofreien Zone II, an deren Rand auch das Bürohaus der WOCHE stand. Dunkle Wolken hingen am Herbecker Himmel, es sah aus, als würde es bald regnen.
Sie beobachtete Karl aus den Augenwinkeln. Er stapfte mit verschlossenem Gesicht neben ihr her.
»Nicht zufrieden mit dem Besuch?«, wollte sie wissen.
»Doch, schon, aber ich finde diese Stadt immer hässlicher. Geht Ihnen das nicht auch so? Die grauen Häuser mit der Fünf-Stock-Einheitshöhe, diese sterile Sauberkeit in den Straßen, aber über uns diese Glocke aus gelblichem Licht und Dreck, die nie mehr verschwindet. Überall diese Musikberieselung, aber es ist ein toter, falscher Lärm. Überall künstliche Farben, aber immer seltener sehe ich wirklich blauen Himmel.«
Franziska erinnert sich genau, dass Karl damals zum ersten Mal von »meinem Lieblingsplatz am Alten Fluss« gesprochen hat. Die Beck, die durch die Stadt fließt, war seit langem vollständig kanalisiert. Aber etwa zwei Kilometer außerhalb der Stadt-

grenze hatte die Verwaltung einen ausgedehnten Altwasserarm des Flusses erhalten und in den Zustand der siebziger Jahre zurückversetzt. Dieses Gebiet nannten die Herbecker »den Alten Fluss«. Dieses Naturmuseum, im Jahr 2000 feierlich eröffnet, hatten die Leute oft besucht, als es noch neu war. Inzwischen war es in Vergessenheit geraten, weil es nicht mehr in die Zeit passte. Besonders vor dem Sumpfgebiet, in dem sich Kröten und anderes Getier tummelten, ekelten sich die meisten Menschen.
Als Karl den Alten Fluss erwähnt hatte, war Franziska aufgefallen, dass auch sie seit vielen Jahren nicht mehr dort gewesen war.
Er hatte sie verblüfft, denn sie brachte seine auffallend kühle Art und diese Sehnsucht nach der Natur, nach dem Alten Fluss, damals noch nicht zusammen. Als sie ihn darauf ansprach, während sie weitergingen, erhielt sie keine Antwort. Karl hatte sich nur auffallend rasch verabschiedet. Sie hatte gefühlt, wie sehr er sich ärgerte, weil er schon zu viel von sich preisgegeben hatte.
Seit damals ist so viel passiert, sonst würde sie jetzt nicht Karls Tagebuch in den Händen halten. Es führt sie an den Beginn der Suche zurück. Damals ist er noch glücklich gewesen.

Karls Tagebuch, 6. Februar 2016
Gestern Abend sind wir nach dem Abendessen noch zusammengesessen. Sarah war auch mit dabei. Zum Glück, denn sie hat ununterbrochen geredet. Deshalb bin ich auch nicht aufgefallen. Wer hat schon groß Lust, seinen Geburtstag zu feiern, wenn er nicht sicher ist, ob es der richtige oder ein falscher Geburtstag ist?
Und trotzdem musste ich mich gestern zusammennehmen, um Anna und Dietrich nicht doch etwas zu erzählen. Sie haben sich viel Mühe gemacht mit der kleinen Feier und ihren Geschenken.

Ich kam mir zeitweise richtig falsch vor, dass ich hinter ihrem Rücken nach meinen leiblichen Eltern suche und ihnen nichts sage. Aber dieses Gefühl ging schnell wieder weg. Ich weiß ja, dass es sein muss, das bin ich mir schuldig.
Gestern bin ich nach der Schule gleich zu Franziska Dehmel gefahren und habe den vorformulierten Antrag von Anti-Gen unterschrieben, der doch tatsächlich noch vor dem Geburtstag angekommen ist. Bis das Bürgerzentrum die Akten herausgibt, müssen wir etwa fünf Wochen Wartezeit einplanen, meint Anti-Gen. Diese Nachricht war das schönste Geschenk. Was sind schon diese paar Wochen nach siebzehn Jahren?
Franziska Dehmel hat mir versprochen, dass ein Journalist, ein befreundeter Kollege, den sie informiert hat, mit einem Telefonanruf nochmals Dampf machen wird. Sie meint, nach einem Anruf von der WOCHE *spuren die Behörden besser. Sie ist überhaupt eine starke Frau. Ich vergesse oft, dass sie Fabians Mutter ist.*
Das zweitschönste Geschenk war ein Buch mit Märchen, das mir Sarah mitgebracht hat. Eine Geschichte hat sie mir vorgelesen und mich danach »mein Schwan« genannt. Das war für meinen Geschmack ein bisschen zu viel, zu kindisch und zu kitschig, aber trotzdem habe ich mich gefreut.
Und als ich endlich mit Sarah alleine in meinem Zimmer war, bin ich ein wenig ausgerastet. Die ganze Spannung dieser letzten Tage hat sich entladen. Ich bin im Zimmer umhergehüpft mit geschlossenen Augen, und ich hatte wirklich das Gefühl, ich fliege gleich los. Und als wir dann zusammen ins Bett sind, war es so schön wie noch nie.
Es war ein guter Geburtstag, egal, ob es vielleicht der falsche war. Bald werde ich wissen, wer meine richtigen Eltern sind!

Franziska erinnert sich gerne an diese erste Zeit ihrer Bekanntschaft mit Karl. Anfangs war es ihr lästig gewesen, dass er erst zweimal und später sogar oft dreimal in der Woche bei ihr aufkreuzte. Sie hatte ihm zwar das Angebot gemacht, er könne sich gerne durch das ganze Material in ihrem Arbeitszimmer wühlen, wenn er mehr über diesen IVF-Kram und alles, was damit zusammenhängt, wissen wolle. Die ganzen Sachen lagen sowieso bei ihr zu Hause rum. Doch sie hatte nicht vermutet, dass Karl ihr leichtfertig dahingesagtes Angebot so ausgiebig und ernsthaft wahrnehmen würde.
Franziska hatte sich jedoch mit der Zeit an den stillen Jungen gewöhnt. Wenn er nachmittags vorbeikam, schnappte er sich immer einen Stapel Papier, setzte sich auf den Boden oder in den großen Ledersessel, der an der Terrassentür stand, und las. Manchmal vergaß Franziska ihn völlig, er störte sie nicht mehr bei ihrer Arbeit. Oft ließ sie ihn auch allein zurück, wenn sie in die Redaktion musste.
Damals hatten sie wirklich die beste Zeit zusammen, und sie hatte sogar begonnen, ihn zu mögen, sehr sogar. Sie tranken regelmäßig Tee und unterhielten sich dabei über alles Mögliche oder über das, was er gerade gelesen hatte.
Während einer dieser Teestunden wollte Karl wissen, ob er sie etwas Persönliches fragen könne.
»Es kommt drauf an«, hatte sie geantwortet.
»Mich würde interessieren, ob Sie das auch machen würden, so eine IVF?«
»Ich bin mir nicht sicher«, hatte sie nachdenklich gesagt. »Das weiß man wahrscheinlich erst, wenn man tatsächlich vor dieser Entscheidung steht: Verzichte ich endgültig auf ein eigenes Kind oder probiere ich das Verfahren aus? Ich glaube aber, ich würde es tun. Schon um mir später nicht den Vorwurf machen zu müssen, ich hätte nicht alles probiert.«

»War es wichtig für Sie, ein eigenes Kind zu haben? Und warum?«
»Wichtig war es schon, aber warum? Meine Güte, da gibt es viele Gründe. Oft kommt es ja einfach ganz ungeplant. Fabian war aber ein Wunschkind. Ja, warum eigentlich? Alles, was man antwortet, klingt wahrscheinlich blöde, aber ich versuch's mal: Also, ein Kind ist Ausdruck der Liebe zwischen zwei Menschen, im Idealfall, auch wenn sie sich später scheiden lassen wie ich und Fabians Vater.
Ein Kind ist ein Stück Zukunft, es gehört zum Leben dazu. Sich fortzupflanzen ist einfach ein Urtrieb, glaube ich, der bei den einen mehr, bei anderen weniger vorhanden ist.
Es ist auch unglaublich spannend zu sehen, was da so rauskommt, was aus zwei Menschen entsteht.
Und meinem Kind gebe ich Ideen, Erfahrungen mit, in meinem Kind lebe ich weiter …«
»Ich will auch wissen, wer in mir weiterlebt«, unterbrach Karl sie heftig. »Ich will alles wissen, bis zum Ursprung. Verstehen Sie das oder halten Sie mich für verrückt? Manchmal weiß ich es selbst nicht mehr.«
»Wieso verrückt? Das ist ganz normal, dass Sie das wissen wollen.«
Heute fragt sich Franziska, was war oder ist noch normal? Ist Karl normal? Ist sie normal oder verrückt, weil sie schon wieder in seinem Tagebuch blättert und dort den Verschwundenen in seinen Worten sucht und ihn sogar findet und wieder erkennt?

Karls Tagebuch, 7. September 2015, nach der Schule
Ich habe mich heute mit Fabian Dehmel geprügelt. Eigentlich mag ich ihn, aber ich weiß nur zu genau, dass ich niemals sein Freund sein werde. Ich habe überhaupt keinen Freund. Eis-

schrank hat er mich genannt, und alle haben gelacht und Witze gerissen, weil mich einer von ihnen mit Sarah im Kino gesehen hat. Und dann stand ich wieder, wie so oft in der Schule, alleine rum.
Egal, ob ich einem vorsage oder nicht, was ich auch mache, sie lehnen es ab und nennen mich einen Sonderling.
Und als ich nur mit der Schulter gezuckt habe und weggehen wollte, weil mir das alles zu albern war, hat mich Fabian festgehalten. Es macht ihn verrückt, dass bei mir nie eine Sicherung durchbrennt, hat er geschrien. Und dann hat er laut gefragt, ob ich mit Sarah bumse. Ich habe ihm eine geklebt. Und so fing alles an.
Es ging unentschieden aus, aber diese Schlägerei war mir zuwider. Er dagegen war hinterher gut gelaunt und hat mir sogar auf die Schulter geklopft und gesagt: Tu nicht immer so cool, lass die Sachen raus. Und dann wollte er mir die Hand geben. Ich habe ihn einfach stehen lassen.
Er kann mir nichts anhaben. Der Kalte Karl braucht niemanden.

Franziska lässt das Tagebuch sinken und denkt an ihren Sohn. Sie wundert sich, dass Fabian Karl überhaupt mit nach Hause gebracht hat. Doch Fabian ist nie sehr nachtragend gewesen. Jetzt versteht sie auch besser, warum er diese ständigen Besuche seines Klassenkameraden, mit dem er nicht so gut zurechtkommt, lästig und sogar seltsam fand, auch nachdem sie ihm alles erzählt hatte, nicht ohne ihn zu strengster Geheimhaltung zu verpflichten.
»Trotzdem, was soll das denn, dass der KK immer bei dir im Arbeitszimmer rumlungert und in Papierstapeln wühlt«, hatte er gemosert. »Will der 'ne Doktorarbeit schreiben oder was? Ständig hängt er bei dir rum. Der kann das Zeug doch mit zu

sich nach Hause nehmen. Sind schließlich keine Brillanten oder unersetzbare Bücher. Oder steckt da was anderes dahinter? Klar, der ist in dich verliebt! Genau. Hab ich da neulich nicht einen neuen Glanz in seinen Augen entdeckt? Wenn das die Sarah wüsste …«
»Blödsinn, mein lieber Sohn, du spinnst. Und außerdem hast du ihn doch angeschleppt. Und wenn hier einer verliebt ist, dann eher du, und zwar in Sarah.«
»Also, das war einmal, in grauer Vorzeit. Aber meine Mutter lass ich mir von dem nicht auch noch ausspannen. Lass dich mal anschauen. Na ja, du bist schon noch ganz ansehnlich.«
»Danke für das Kompliment.« Franziska hatte ihm lachend ihr Stuhlkissen an den Kopf geworfen und Fabian konterte mit einem Sofakissen und schon war die schönste Kissenschlacht im Gange.
Nein, Karl war niemals in sie verliebt gewesen, und sie nicht in ihn, überlegt Franziska. Aber zwischen ihnen hatte eine seltsame Anziehung bestanden. Sarah hatte Recht, Karl war von ihr fasziniert, und er faszinierte sie auch, nicht nur als mögliche Story. Franziska sah ihn gerne an, er sah gut aus. Sie vergaß oft, dass er nur so alt wie Fabian war, und sie behandelte ihn immer weniger wie einen Jungen. Zunächst hatte sie »Karl« und »Sie« gesagt, wie zu allen Freunden ihres Sohnes. Doch dieses Sie hatte irgendwann nicht mehr zu den vertrauten Nachmittagen gepasst.
»Ich finde, wir sollten uns endlich duzen. Einverstanden?«, sagte sie eines Abends, als er schon aufgestanden war und gerade gehen wollte.
Karl grinste. »Ich habe nichts dagegen.«
»Also, ab jetzt bitte Franziska und du. So, und jetzt kriegst du noch den üblichen Bruderkuss, besser Schwesterkuss von mir.«
Er überragte sie um Haupteslänge. Sie musste sich strecken und

er den Kopf ein wenig herunterbeugen, damit sie ihm den Kuss auch geben konnte. Erst links auf die Wange, dann rechts auf die Wange. Das machte sie immer so.
Karl roch gut, und in diesem Augenblick dachte sie nicht mehr daran, dass sie siebenundzwanzig Jahre älter war. Er war auch plötzlich kein Junge mehr, sondern ein Mann, ein anziehender Mann.
Sie spürte seine Lippen nahe an ihrem Ohr, sein Atem streifte ihren Hals. Sie berührte mit dem Mund nur eine Sekunde länger als nötig seine Haut. Dann trat sie einen energischen Schritt zurück und entging so seinen Händen, die er gerade auf ihre Schultern legen wollte. Karls Augen verrieten nichts, aber seine Unterlippe zitterte leicht. Auch er hatte dasselbe gespürt wie sie, da war sich Franziska sicher. Sie wich seinen Augen aus.
Nie wieder gab es eine solche Situation. Franziska vermied sämtliche Berührungen mit ihm, wenn sie alleine waren. Aber dieses kleine Geheimnis, dass fast etwas passiert wäre, verband sie, erzeugte eine angenehme Spannung in der Luft, harmlos und trotzdem schön. Sie fühlten sich beide wohl miteinander. Nein, verliebt war sie nicht in ihn, aber diese erotische Berührung hat sie trotzdem nicht vergessen.
Als im März endlich die ersten Akten aus dem Bürgerzentrum aufgetaucht waren, verschwand das kleine prickelnde Gefühl ganz und gar, das zwischen ihnen gewesen war. Für so etwas ließ diese Wirklichkeit keinen Platz mehr.
Karls Suche ging jetzt erst richtig los. Von da an war sie nur noch die Journalistin und er ein Junge, der ihre Unterstützung brauchte.
Und heute muss sie wieder etwas für ihn tun, nämlich diesen Gensumpf beschreiben, in den er hineingeraten ist. Nur noch vier Tage bis Silvester. Sie muss sich ranhalten und darf nicht länger in Karls Aufzeichnungen stöbern. Sie klappt das Tage-

buch zu und legt es auf den Schreibtisch zurück. Jetzt sitzt sie wieder konzentriert vor ihrem Computer und schreibt weiter.

***

Die Suche (Teil 2, Forts.): Gensumpf

Das große gelbe Neon-H auf dem Dach des Bürgerzentrums grüßte Karl Meiberg schon von weitem, genau wie bei seinem ersten Besuch. Doch diesmal kam er nicht mit falschen Hoffnungen, sondern er hatte eine Benachrichtigung der »Abteilung genetische Auskunft« in Händen. Er möge sich doch bitte am 27. April nachmittags melden und die angeforderten Akten zu SGR 1999 abholen, hatten sie ihm geschrieben.

Karl kannte die Eintrittsprozedur bereits. Er tippte wieder seinen Bürger-Code 086750 ein, nannte sein Anliegen und fuhr mit dem Fahrstuhl nach oben, diesmal in den fünften Stock.

Wieder empfing ihn ein Beamter in gelber Uniform, der den Besucher ohne weitere Fragen in ein Zimmer führte: »Unser Abteilungsleiter erwartet Sie.«

Karl wunderte sich, warum ihn der Chef der Gen-Auskunft persönlich empfing. Gab es vielleicht doch noch Probleme? Eine gespannte Erwartung ergriff von ihm Besitz.

»Guten Tag, ich bin Dr. Johannes Plötz. Und Sie sind sicher Karl Meiberg? Setzen Sie sich doch bitte.«

Karl nahm vor dem großen Schreibtisch Platz. In der Mitte lag ein blauer Ordner, den Dr. Plötz zu sich herüberzog.

»Das Bürgerzentrum bedauert die lange Wartezeit und überhaupt die ganzen Ungenauigkeiten«, sagte er und räusperte sich, bevor er weitersprach. »Aber es hat da bei einigen Behörden interne Schwierigkeiten gegeben, die jetzt geklärt werden konnten. Nicht zuletzt dank Ihrer Nachfrage und dem Antrag

von Anti-Gen, deren Arbeit wir zu schätzen wissen. Wir brauchen solche kritischen, aufmerksamen Bürger.«
Karl misstraute plötzlich den oberflächlichen freundlichen Beamtenworten. Wer so ausholte und lobte, hatte bestimmt etwas zu verbergen.
»Aber Sie haben doch die Angaben über meine biologischen Eltern?«
»Natürlich, die Akten liegen vor mir und Sie können sie nachher mitnehmen.« Dr. Plötz strich das Revers seiner gelben Uniformjacke glatt. »Sie sind am 15. November 1999 geboren, das ist nun ganz sicher. Diesen Termin können wir endgültig bestätigen. Alle falschen Dokumente werden entsprechend korrigiert, natürlich kostenlos.«
Dann kam der Beamte endlich auf den Punkt. »Die Sondergenehmigung SGR 1999 allerdings erklärt sich nicht nur aus der In-vitro-Zeugung allein. Zum Einsatz kamen bei Ihnen noch andere Fortpflanzungshilfen, nämlich Samen- und Eispende. Die Identität der Spenderin und des Spenders wurden durch diese Sondergenehmigung geschützt. Wir heben die Anonymität dieser Personen aber aufgrund eines Antrags auf. Und den haben Sie ja nun gestellt, genau wie es das Gen-Gesetz vorsieht. Die Beamtin wusste darüber nicht richtig Bescheid, als Sie vor drei Monaten bei uns waren. Wir bedauern die Verzögerung außerordentlich.«
Dr. Plötz schob die Akten über den Tisch.
»Hier finden Sie alle Angaben zu Ihren genetischen Eltern, sehr nette Leute übrigens. Lesen Sie alles zu Hause in Ruhe durch. Falls noch Fragen offen sind, wenden Sie sich bitte an mich persönlich.« Das sollte wohl das Schlusswort sein.
Karl stand auf und klemmte den blauen Ordner unter den Arm. Er war verwirrt, anonyme Ei- und Samenspende, und über eine Leihmutter kein Wort. Aber Dr. Plötz hatte ja Recht, er konnte

wieder kommen. Die Unterlagen hatte er nun, und das war immerhin schon ein Anfang. Er wollte sie möglichst schnell zusammen mit Sarah durchsehen, die sicher schon gespannt auf ihn wartete. Karl verabschiedete sich rasch. Er musste sich zwingen, nicht schon im Fahrstuhl den Ordner aufzuschlagen und zu lesen. Er holte tief Luft, als er das Gebäude durch die Glastür verließ und wieder im Freien stand.
Dieser zweite Besuch brachte zwar keine richtige Enttäuschung, doch war das Bürgerzentrum kein Ort, der ihm Vertrauen einflößte. Immer schien man hier etwas vor ihm verbergen zu wollen. Niemand war ganz offen und ehrlich, auch dieser Dr. Johannes Plötz nicht.
»Das große gelbe H steht vielleicht für heimlich«, überlegte er und fühlte sich bedroht. Nur schnell weg von hier, die gelben Strahlen machten ihm Angst. Karl schwang sich auf sein Elektromofa. Als er den Fahrtwind im Gesicht spürte, verflogen die trüben Gedanken, und er war froh, dass Sarah auf ihn wartete. Eine halbe Stunde später schon saßen sie nebeneinander auf ihrer Bettcouch.
»Anonyme Spender – das klingt fast wie ein Krimi.« Sarah hielt Karls Hand genauso fest wie bei ihrer ersten Begegnung im Kino. Auch sein Herz klopfte so schnell wie damals, als er nun den blauen Ordner aufschlug.
Unter der Nummer Y62097 hatte Gunther Pohl, 24 Jahre, im Oktober 1997 Samen gespendet, und zwar in der Albert-Schweitzer-Klinik. Laut beiliegendem Arztzeugnis war er »ohne Befund«, also kerngesund, und auch sein genetischer Fingerabdruck war vollkommen normal. Pohl war 75 kg schwer, 182 cm groß und Medizinstudent. Die Samenspende wurde tiefgefroren und in der Keimzellenbank der Albert-Schweitzer-Klinik aufbewahrt.
Gunther Pohl kam im Jahr 2001 bei einem Autounfall ums

Leben. Sein Foto hing an einem Fragebogen, der außer den persönlichen Daten auch Antworten auf einige Fragen enthielt, die Samenspende betreffend.
»Er hat meine Augen und meinen Mund«, sagte Karl mit belegter Stimme.
»Und die mag ich.« Sarah gab ihm einen Kuss.
Karl las laut vor, was Gunther Pohl auf die an ihn gerichteten drei Fragen geantwortet hatte:

Warum spenden Sie?

Wegen des Geldes. Bücher und Studium sind teuer. Die 500 Mark sind schnell und relativ leicht verdient.

Haben Sie schon öfter gespendet? Wenn ja, wann und wo? Sind Sie bereit, nochmals zu spenden?

Ja, einmal, auch hier in der Klinik, vor 8 Monaten. Ich bin bereit, nochmals zu spenden.

An Kinder, die eventuell aus Ihrer Samenspende gezeugt werden, müssen ab dem 16. Lebensjahr auf Antrag Ihre persönlichen Daten weitergegeben werden. Akzeptieren Sie das, wie stehen Sie dazu?

Ich kann das verstehen und muss es auch akzeptieren, allerdings nur, wenn mir zugesichert wird, dass keine Unterhaltszahlungen entstehen. Lieber wäre es mir jedoch, wenn ich ganz anonym bleiben könnte. Es ist schon eine komische Vorstellung, dass plötzlich ein Mädchen oder ein Junge bei mir klingelt und sagt, ich bin dein Kind. Aber darüber mache ich mir jetzt keine Gedanken. Wenn es einmal passieren sollte, muss ich eben damit klarkommen. Und deswegen meine ich auch, dass das Honorar noch weiter erhöht werden müsste, weil man später vielleicht doch Probleme haben kann.

Unter der Nummer X87098 war die Eispende von Katharina Treu, 32 Jahre, im Juli 1998 registriert. Sie war verheiratet und von Beruf Goldschmiedin. Sie hatte keine eigenen Kinder. Katharina Treu hatte dreimal eine Fehl- und einmal eine Totgeburt erlitten. Sie wurde jedes Mal in der Albert-Schweitzer-Klinik betreut. Auch ihrer Akte lagen das Arztzeugnis und der genetische Fingerabdruck bei. Frau Treu ist mit ihrem Mann 1999 in die Vereinigten Staaten ausgewandert, ihr dortiger Wohnsitz ist unbekannt.
Im Juli 1998 wurden Frau Treu nach einer hormonellen Stimulation zwei reife Eier aus dem rechten und vier aus dem linken Eierstock abgesaugt. Alle sechs Eizellen wurden unter dem Mikroskop in Augenschein genommen und als Güteklasse I eingestuft. Alle sechs wurden eingefroren und gelagert, ebenfalls in der Keimzellenbank der Albert-Schweitzer-Klinik.
Katharina Treu verdiente an den sechs Eizellen 20 000 Mark. Auch sie hatte den Fragebogen ausgefüllt, mit Schreibmaschine:

Ich spende zum ersten und zum letzten Mal und nicht wegen des Geldes, obwohl wir es natürlich gut gebrauchen können. Ich möchte, dass mit meinen Eizellen die Ursachen der Fehlgeburten durch Professor Rüdiger Wald erforscht werden. Wenn ich schon keine Kinder bekommen konnte und wahrscheinlich auch nie mehr bekommen werde, möchte ich durch diese Spende wenigstens indirekt anderen Frauen helfen.

Unter die dritte Frage hatte sie einen Strich gemacht, denn ihre Eizellen sollten ja nur der Forschung dienen.

»Und trotzdem bist du aus einem dieser Eier entstanden.« Sarah fand das zwar merkwürdig, aber das Bild der Frau interessierte sie weit mehr. »Ihr siehst du überhaupt nicht ähnlich. Nur die Haare, die braunen Locken, hast du von ihr.«
Karl blätterte die Unterlagen mehrmals durch. Er legte die beiden Fotos nebeneinander aufs Bett und sah sie lange an. Nette Leute seien seine genetischen Eltern, hatte dieser Dr. Plötz im Bürgerzentrum behauptet. Das Wort Eltern verlor hier seinen Sinn. Vor Karl lagen nur zwei Fotos von zwei ihm fremden Menschen, und die waren zufällig Teile von ihm geworden. Was hatte er mit ihnen zu schaffen? Ging es hier wirklich um ihn? Sie waren ihm fremd und würden immer Fremde bleiben, diese beiden Teile. Sie hatten nur die zwei haploiden Chromosomensätze geliefert, die verschmolzen sind. So hatte sein Leben begonnen, doch warum und wie war es weitergegangen?
Ein wichtiger Teil fehlte immer noch: die Leihmutter. Über sie stand nichts in der Akte. Wer hatte ihn neun Monate lang im Bauch getragen? Wie fügt sich das alles zusammen zu Karl Meiberg, geboren am 15. November 1999?

***

Diese Akten hatte Karl damals kopiert und ihr vorbeigebracht, erinnert sich Franziska. Dass er nun endlich über seine »genetische Herkunft« Bescheid wusste, hatte er fast trocken mit dem Satz kommentiert: »Lieber so was als überhaupt nichts.«
Sie hatte ihm vorgeschlagen, wegen der Leihmutter gleich zu Anti-Gen zu gehen und Dagmar Bruhns wieder einzuschalten. Denn dass die offiziellen Stellen mauerten und etwas verbargen, dieser Einschätzung von Karl stimmte sie zu.
»Können wir noch etwas warten?«, bat er.
»Wieso machst du jetzt einen Rückzieher?«

»Das ist alles etwas viel auf einmal. Und außerdem denke ich, dass ich erst mit Anna und Dietrich sprechen soll, wegen dieser Klinik und diesem Professor Wald. Sie müssen doch auch etwas wissen. Und wenn ich das rausgefunden habe, gehen wir zu Anti-Gen.«

Karl musste sich wohl eingestehen, dass diese Spender-Eltern eine große Enttäuschung waren. Sie konnten nicht wirklich Gestalt annehmen, waren keine Menschen, die Karl besuchen und mit denen er sprechen konnte. Sie waren zwar nicht mehr anonym, aber auch nicht greifbar. Sein »richtiger Vater« und seine »richtige Mutter« verkümmerten zu Akten, zu Fragebögen und Genmustern und wurden dadurch noch unwirklicher.

Deshalb hatte er sich zunehmend auf die Leihmutter fixiert, so sieht Franziska das heute. Sie sollte ihm helfen, dieses Chaos zu ordnen. Sie träumte er sich zusammen als die Person, die für seine inneren Eltern und für seine Identität stand. Diese Frau sollte es sein, die ihn zusammenhielt.

Karl kramte ständig in alten Zeitungsausschnitten über Leihmütter herum. Er stieß dabei auf die Meldung, dass am 17. April 1986 in den Vereinigten Staaten zum ersten Mal auf der Welt eine Leihmutter ein »Retortenbaby« erfolgreich ausgetragen hatte.

Er setzte sein schiefes Lächeln auf: »Schau mal, das gab's schon vor dreißig Jahren. So was Besonderes scheine ich also doch wieder nicht zu sein.«

Sie hatten auch öfter über die Motive gesprochen, die Menschen dazu bewegen, ihre Keimzellen durch Spenden in die Welt zu streuen, ohne genau zu wissen, was daraus wird.

»Ein Spender, das habe ich gestern gelesen, hat seine Samen mit einer Blutspende verglichen«, erzählte Karl. »Beides schenkt Leben, hat der behauptet, mit nur einem klitzekleinen Unterschied: Die Samenspende schafft und die Blutspende er-

hält Leben. Auch eine Sichtweise. Und ein anderer hat in einem Interview erzählt, dass er sich als richtiger Patriarch fühlt, wenn er den Samen abgibt und sich dabei vorstellt, wie viele Kinder daraus gemacht werden können. Pervers, so ein Typ, der bei der Masturbation Macht empfindet und Allmachtsphantasien hat.
Da ist mir dieser Gunther Pohl wirklich lieber. Er hat es zwar nur wegen des Geldes getan, aber er hatte wenigstens ein paar kleine Skrupel. Wie der wohl reagiert hätte, wenn ich plötzlich bei ihm vor der Tür gestanden hätte?«
Karl machte den Spender des Samens, aus dem er entstanden war, nie schlecht, genauso wenig wie die Frau, deren Eizelle er entstammte. Von ihr nahm er an, dass sie wahrscheinlich entsetzt gewesen wäre, wenn sie von Karl erfahren hätte. Denn sie hatte ihre Keimzellen schließlich nur für Forschungszwecke gespendet.
»Sie war am unschuldigsten«, sagte Karl einmal, »sie wurde missbraucht, für mich.«
Indem er Fragen an beide richtete und selbst die Antworten gab, versuchte Karl seinen biologischen Eltern Leben einzuhauchen. Doch es blieb ein kümmerliches Leben, ohne Seele. Gleichgültig, wie sehr er sich auch abmühte, die beiden zu verstehen, sie blieben eine Enttäuschung.
»Seit ich weiß, dass ich aus einer anonymen Ei- und Samenspende entstanden bin, fühle ich mich beschmutzt.« Diesen Satz fand Franziska in seinem Tagebuch.
Und deshalb wurde sie so wichtig für ihn, diese Leihmutter. Fast wünschte er sie sich als Übermutter. Er formte sie in seinen Gedanken so, dass er sie respektieren konnte: Zwar hatte auch sie sehr wahrscheinlich Geld für die »Tragearbeit« genommen. Aber sie hatte sich als Leihmutter verdingt, weil sie gerne schwanger war und etwas Gutes tun wollte. Und im Laufe der

neun Monate hatte sie ein so inniges Verhältnis zu Karl entwickelt, dass sie ihn nur ungern weggeben wollte.
Das war Karls Phantasie.
Dieses Wunschdenken hatte Franziska ihm gegenüber offen angesprochen und in Frage gestellt: »Du gibst dieser Leihmutter eine Bedeutung, die sie sehr wahrscheinlich nicht hat oder vielleicht auch nicht verdient. Für sie war es eine Arbeit und dafür ist sie bezahlt worden. Eine Leihmutter ist doch nicht anders als die Eispenderin und der Samenlieferant. Sie ist nicht besser und nicht schlechter. Vielleicht finden wir sie nicht einmal.«
»Wir finden sie«, hatte Karl ihr ein wenig trotzig und sehr bestimmt entgegnet. »Und außerdem gibt es einen entscheidenden Unterschied zwischen den dreien. Sie ist die Einzige, die mich gut kennt. Denn sie hat mich ausgetragen. Sie wollte, dass ich lebe, und hat dafür etwas riskiert. Letztlich hat sie ihr Leben aufs Spiel gesetzt für mich, wie bei jeder Schwangerschaft. Und dann hat sie mich geboren. Außerdem war sie meine erste Welt, neun Monate lang.«
Den Ausdruck »die erste Welt des Menschen« hatte Karl in einem Buch über pränatale Psychologie gefunden. Und es interessierte ihn fortan sehr, wie das Leben vor der Geburt aussieht. Weil er in diesem Buch erfuhr, dass ein Embryo schon vor der Geburt ganz grundlegende Gefühle erlernt und sein Erleben ihn formt, wurde diese Leihmutter so wichtig.
Karl warf in dieser Zeit, zwischen Ende April und Anfang Mai, gerne mit altklugen, angelesenen Sätzen um sich: »Jeder von uns trägt nicht nur das Erbgut der genetischen Eltern in sich, sondern die gesamte Entwicklungsgeschichte der Menschheit.«
Das Herumschmökern füllte seine freie Zeit immer mehr aus, er verkroch sich in die Fachliteratur und vernachlässigte Sarah völlig. Eines Abends rief seine Freundin wütend bei Franziska an und zitierte Karl ans Telefon:

»Meine Güte, Sarah, es tut mir Leid«, war seine nicht gerade freundliche Antwort. »Aber so ein doofer Film ist wohl kaum wichtiger als das, was ich hier mache … Klar, du lebst auch schließlich in einer ganz stinknormalen Familie, da kannst du auch nichts kapieren … Was? … Nein, ich will nicht, dass du mich abholst. Und morgen habe ich auch keine Zeit, überhaupt die ganze Woche nicht. Ich muss erst einiges fertig lesen. Dann ruf ich dich an. Sarah? … Aufgelegt. Na meinetwegen.«
Franziska hatte sich damals gefragt, ob Karl sich nicht sehr merkwürdig verhielt für einen Siebzehnjährigen, der zum ersten Mal richtig verliebt war. Aber dann hatte sie ihn doch in Ruhe gelassen und ihn sogar weiter unterstützt. Diese besessene Leserei war eben seine Art, zu begreifen und mit allem fertig zu werden. Deshalb hatte sie weiterhin alle Bücher und Artikel angeschleppt, die er wollte. War das ein Fehler gewesen? Auf diese Frage sucht sie nun in seinem Tagebuch eine Antwort, und sie begegnet Karl, wie er im Frühsommer am Alten Fluss gesessen ist.

Karls Tagebuch, 6. Juni 2016
Der Boden ist warm, alles blüht. Das Schilf raschelt vertraut. Die langen Halme biegen sich im Wind, aber sie brechen nicht.
Menschen sind größer als Halme und stärker.
Aber Menschen brechen leichter.
Ich war viel zu lange nicht mehr hier. Sarah und Franziska und die ganze Sache haben mich abgehalten. Das letzte Mal war noch alles braun und verdorrt. Durch die Äste der Bäume konnte man die ersten Häuser von Herbeck sehen und den Lichtschein über der Stadt. Die Kräfte und Säfte schlummerten noch versteckt in der Erde. Jetzt liegt alles offen, keine Geheimnisse mehr.
Aber in mir ist noch Winter.

Der alte Baumstamm, auf dem ich so gerne sitze, ist noch morscher geworden. An dem einen Ende fault er vor sich hin, ameisenübersät. Ich mag den Alten Fluss im Winter lieber, wenn die zarten Eisschichten den flachen Rand des Ufers wie mit einem Spitzenrand umsäumen. Dann steht das braune Wasser ganz still, dann steht die Zeit still. Keine Falter fliegen, keine Mücken schwirren durch die Luft, keine Vögel zwitschern. Stille. Ewigkeit.
Was sind dagegen schon 17 Jahre? Nicht einmal ein Blitz im Universum. Was ist ein Menschenleben? Ist es komplizierter als das Leben der Kröten, die quaken, fressen, im Wasser laichen, wieder ans Land springen, vielleicht zertreten oder gefressen werden oder einfach an Altersschwäche sterben?
Auch Kröten landen manchmal im Labor. Was unterscheidet mich von ihnen? Ich habe eine Kröte gefangen und sie lange angeschaut, wie sie da in meiner Hand gezappelt hat. Bei manchen Arten sollen Drüsen auf der warzigen Haut Stoffe absondern, die Halluzinationen auslösen. Deshalb wanderten sie früher in Teufels- und Hexensalben. Manchmal sollen Kröten aber auch Schätze und Geheimnisse hüten. In anderen Sagen helfen Kröten als gute Geister in Geburtsnöten.
Ich habe langsam fester zugedrückt. Ich wollte sehen, ob sie etwas empfindet und leidet und mir – wie unter Folter – vielleicht ein Geheimnis verrät: das Geheimnis meiner Herkunft. Oder hilft sie mir, neu geboren zu werden? Das ist ein Notfall, ich stecke fest, habe ich sie angeschrien. Und dann habe ich sie zurück ins Wasser geschleudert.
Mit mir haben sie weniger Erbarmen. Sie drücken zu.
Nur weil ich so viel darüber lese und zu begreifen versuche, stehe ich noch hier. Auch im Leben kann sich ein Sumpf auftun. Ein Sumpf ist gefährlich, darin versinkt man. Ich weiß es, denn ich habe mich schon oft an den Rand eines Tümpels gestellt und ge-

merkt, wie der weiche Boden nachgibt. Ich bin eine Kröte und zapple in einer Hand. Zu wem gehört diese Hand? Ich habe mir ein Büschel Schilfruten abgeschnitten. Sie stehen nun in der Vase neben mir. Ein wenig riecht es wie am Alten Fluss.
Menschen haben das Messer erfunden. Dagegen sind die Halme wehrlos. Auch mir haben sie die Wurzeln abgeschnitten.

Franziska erschrickt, weil sie in diesem Sommer nicht gemerkt hatte, wie es wirklich in ihm aussah. Sie blättert in seinem Tagebuch noch weiter zurück und begegnet seiner Angst, die ihr nun selbst Furcht einflößt. Sie hatte ihn nicht erkannt. Nur unruhig und getrieben hatte sie ihn erlebt. Nach dem vorgeburtlichen Leben hatte er sich nämlich bald auf einen neuen Bereich gestürzt, der ihn faszinierte. Er nannte ihn »Schöpfungsmanipulationen«. Und sie erinnert sich nun, dass es sich recht spannend angehört hatte, was er ihr so aus den Tierlabors erzählte:
Gene überspringen Artgrenzen. Ein menschliches Wachstumsgen macht aus einem Schwein eine Supersau, die größer wird und mehr Fleisch liefert, und ein zweifaches Wachstumsgen aus einem Rind eine Superkuh, die doppelt so viel Milch liefert. Doch die Supersau kann nicht mehr laufen und die Kuh pflanzt sich nicht fort. Zahlreiche transgene Tiere sind inzwischen patentiert.
Karl brachte Fotos von der Stute, die Leihmutter für eine vom Aussterben bedrohte Zebra-Art war, und von dem Gorillaweibchen, das Pandabären austrug. Damit die Trägerinnen die artfremden Tiere nicht ausstießen, wurde zunächst aus dem Pferde- und Affenembryo die innere Zellmasse entfernt. Dazu mussten die Säugetierembryos natürlich in vitro entstehen und weiterwachsen. Die äußere Zellschicht, die später die Plazenta bildet, blieb also Pferd und Affe. In sie hinein kam die innere

Zellmasse, die Biologen aus dem Zebra- und Pandaembryo herauspräpariert hatten.
Besonders fasziniert war Karl von den Chimären. Eine Chimäre ist eine Pflanze oder ein Lebewesen, das aus zwei unterschiedlichen Lebewesen entsteht, also zwei verschiedene Erbinformationen hat. Mitte der achtziger Jahre kreuzten Züchter die Tomate und Kartoffel zur Tomatoffel. Zur ersten Tierchimäre verschmolzen im Jahre 1985 die Erbanlagen von Schaf und Ziege, das Endprodukt hieß Schiege oder Zaf.
»Chimären sind wirklich verblüffend leicht zu basteln«, betonte Karl. »Sie machen einen kleinen Schnitt in die Eihülle, in der sich zum Beispiel ein Ziegenembryo entwickelt. Dazu geben sie dann einen vierzelligen Schafembryo und diese Zellhaufen verbinden sich und organisieren sich neu. Toll, nicht?« Und dann hatte er aufgezählt, welche Chimären schon auf dieser Welt herumlaufen: Aus der Antilope und Giraffe wurde eine Gantilaffe, aus Pudel und Dackel ein Packel, aus Schwan und Ente eine Schwente, aus Orang-Utans und Schimpansen Schimp-Utans.
»Und bald gibt es den Maffen.«
»Was ist das?«, hatte Franziska gefragt.
»Eine Kreuzung aus Mensch und Affe.«
»Wie bitte? Wo hast du das denn her?«
»Nirgends, das habe ich mir ausgedacht, war nur Blödsinn. Zwar ist die Herstellung von Tier-Mensch-Chimären untersagt, wie es so schön heißt. Aber was nicht ist, kann ja noch werden. Wie sagt doch unsere gemeinsame Bekannte Dagmar Bruhns immer? Ethik steht nicht still. Und einen Augenblick hast du mir den Maffen doch wirklich geglaubt, gib's zu? Vielleicht bin ich ja ein Maffe.«
»So wie du dich manchmal aufführst, besonders wenn du wütend bist, würde ich das nicht ganz ausschließen.«
Franziska weiß heute, dass sie dem Kalten Karl aufgesessen ist,

seiner scheinbaren Rationalität, seinem angehobenen Interesse an dem, »was machbar ist«.
Er hatte ihr auch von den Klonen erzählt, die durch ungeschlechtliche Vermehrung entstehen. Ein Säugetierembryo wird dafür im Vier- bis Sechzehnzell-Stadium in die einzelnen Zellen zerpflückt. Weil jede Zelle noch alle Entwicklungsmöglichkeiten in sich trägt, kann aus jeder ein gesundes Lebewesen wachsen.
»Stell dir mal vor, da läge noch ein Klonbruder von Fabian im Kühlbehälter.«
»Einer von der Sorte reicht mir«, hatte sie gelacht.
Franziska hatte sich durch seine Sprüche blenden lassen und seine makaberen Scherze nicht als das gesehen, was sie wirklich waren: Ausdruck seiner Angst. Sie hatte nicht geahnt, dass ihn das alles so aufwühlte und durcheinander brachte und nicht mehr schlafen ließ.
Heute macht sie sich Vorwürfe. Auch sie hat ihn überfordert. »Ich mit meiner Laienpsychologie habe ihm das ganze Zeug auch noch besorgt und ihn dadurch vielleicht noch auf diese dummen Gedanken gebracht.«
Von seinen wahren Ängsten hat sie erst durch das Tagebuch erfahren. Es offenbart nicht den Zyniker, der sie mit seinem »Maffen« aufs Glatteis führen wollte. Es zeigt einen anderen Karl, einen verletzlichen, sensiblen Jungen, den eine Vorstellung besonders gequält hat: Nicht nur im Tierlabor, auch am Beginn seines Lebens in der Glasschale könnte manipuliert worden sein.
Franziska liest die Tagebuchseiten bereits zum zweiten Mal durch und plötzlich entschließt sie sich, diese Eintragung in ihren Artikel zu übernehmen, unkommentiert.

***

Karls Tagebuch, 17. Mai 2016
Ich löse mich auf.
Eins geteilt durch fünf, da bleibt nicht mehr viel übrig. Und was übrig bleibt, bin vielleicht nicht einmal ich oder der Rest von mir. Was bleibt, sind vielleicht viele Karls.
Seit ich weiß, was alles möglich ist, habe ich große Angst, dass es mich mehrmals gibt, geklont.
Der Klon als Clou: Davor habe ich wirklich Angst, schreckliche Angst. Deshalb bin ich vorgestern in der Stadt auch so fürchterlich erschrocken. Als ich nämlich um eine Ecke gebogen bin, stand ich ihm plötzlich gegenüber, meinem Doppelgänger, dem Klon. Eine Sekunde lang habe ich tatsächlich geglaubt, dass es so weit ist. Doch ich stand nur vor einer Säule, die mit Spiegeln verkleidet war. Mit aufgerissenen Augen starrte ich mich selbst an.
Aber vielleicht wird das eines Tages doch noch Wirklichkeit? Ich überlege mir oft, wie das wohl ist, seinen Klon zu treffen.
Er ist jemand, der genauso aussieht wie ich. Er hört sich auch genauso an, er denkt und fühlt genau wie ich. Aber wir sind nicht wie Zwillinge zusammen aufgewachsen. Wir haben uns nicht aneinander gewöhnen können. Aus dem Nichts tritt er in mein Leben, plötzlich ist er da.
Hat das jemand schon erlebt? Ich glaube nicht, denn in Franziskas vielen Unterlagen habe ich nichts darüber gefunden. Nirgends auf der Welt scheinen Klonkinder zu existieren, nur Klonfrösche, Klonkühe und Klonmäuse.
Doch was ist schon sicher, heutzutage?
Falschgeld der Schöpfung werden sie genannt, die Klone. Ich bin zwar kein falscher Fünfziger, aber vielleicht ein falscher Siebzehner. Immer sagen sie, jeder Mensch ist einzigartig, jeder Mensch ist ein Individuum. Das Credo, auf dem alles aufbaut.
Ich bin Karl Meiberg, mich gibt's nur einmal, mit allen meinen Fehlern, so wie ich eben bin.

Mich nennen sie den Kalten Karl. Der Kalte Karl, das bin ich. Das Wort ICH *bedeutet mir plötzlich so viel wie noch nie, immer mehr bedeutet es mir.*

ICH, ICH, ICH.

Je mehr ich über meine Herkunft herausbekomme, je verworrener alles wird, umso wichtiger wird dieses ICH.

Es ist das Einzige, an das ich mich halten kann. Ich habe wenigstens noch mich, das ist mir sicher.

Und dann schießt mir dieser schreckliche Gedanke wieder durch den Kopf: Auch das könnten sie mir noch nehmen.

Das ICH *könnte plötzlich wertlos sein. Denn sie haben mich in Serie produziert.*

Dort steht meine Kopie und sagt: Ich bin du.

Da stehe ich und sage: Du bist nicht ich.

Wer von uns beiden hat Recht? Ich oder meine Kopie?

Ich werde fast irre beim Gedanken an dieses Treffen. Es beherrscht meine Tagträume und lässt mich nachts kaum schlafen. Immer wieder versuche ich es mir vorzustellen, aber es ist noch schwerer, als sich das Universum und seine Unendlichkeit vorzustellen.

Manchmal spreche ich in Gedanken sogar mit meinen Klonbrüdern. Das ist komisch, denn jeder ist ich und ich bin sie. Sie sind mir fremd und damit bin ich mir fremd. Wir können nicht miteinander sprechen.

Es ist wie in einem Spiegelkabinett. Ich sehe mich vervielfältigt und zum Schluss weiß ich nicht mehr, wer die wirkliche Person ist oder wer nur ein Abbild ist.

In einem Tagtraum, den ich oft durchspiele, kommt Sarah in mein Zimmer. Ich glaube, sie geht lächelnd auf mich zu. Aber sie geht an mir vorbei. Sie umarmt nicht mich, sondern einen Klonbruder. Mich, Karl Meiberg, ihren Freund, erkennt sie nicht.

Karl Meiberg ist tot.

Aber sein Klon lebt, dieser Fleisch gewordene Angriff auf mein Selbstverständnis. Die Verneinung meines ICHS. Er lebt.
Das ist die totale Vernichtung.
Zurück bleibt die absolute Leere, tiefer als ein schwarzes Loch.
Ich muss mich wehren gegen diese Träume, gegen meine Angst.
Deshalb habe ich die Geschichte der zehn kleinen Negerlein umgetextet. Galgenhumor hilft überleben, habe ich gehört. Und so singen meine Klonbrüder und ich im Chor:

Ein kleiner Embryo, der war ja so allein,
da haben sie ihn durchgezwickt, da war'n sie schon zu zwei'n.

Zwei kleine Embryos, die waren nicht genug,
da wurden sie noch mal geteilt, mit vieren ging es gut.

Vier kleine Embryos, die haben laut gelacht,
da hat der Forscher mehr geklont, da waren es schon acht.

Heute haben wir acht Jungen im Angebot, greifen Sie zu! Menschenware, produziert aus einer Ei- und Samenspende, von flinken Forschern geklont, frisch auf den Tisch. Ausverkauf! Leihmütter werden mitgeliefert.
Halt, das Lied geht noch weiter. Hier ist die nächste Strophe:

Acht kleine Embryos verkauften sie für Geld,
da hat man sie erneut geteilt, sechzehn gehn in die Welt.

Aus meiner Person haben sie ein Produkt gemacht, aber was für eins? Bin ich Abfall- oder ein Zufallsprodukt, Einzel- oder Dutzendware?
Jemand muss verantwortlich sein. Jemand muss mir die Antwort geben können, warum ich bin.
WARUM?

Jemand hat gehandelt.
Sie haben gehandelt.
Menschen handeln.
Menschenhandel.
Man nehme ein Glasgefäß, eine Eizelle – welche, ist Zufall – und gebe mindestens 150000 Samenfäden hinzu – welche, sind Zufall –, lasse alles im Brutschrank bei 37 Grad stehen, und fertig ist …
Das Rezept ist bekannt, es ist keine Hexerei. Wer hat mich nach diesem Rezept herstellen lassen?
Prof. Wald hat seine Finger in dem Geschäft, doch der große Herr Professor kommt erst an die Reihe, wenn wir mehr Informationen haben. Wir wollen ihn nicht aufscheuchen.
Ich bin misstrauisch geworden und traue inzwischen allen alles zu. Sie haben mir meine Herkunft genommen oder versteckt hinter diesem SGR 1999.
Verstecken sich dahinter auch die heimtückischen Klone? Vielleicht locke ich sie hervor, wenn ich ihnen die letzte Strophe singe, und zwar besonders laut.
Hört zu, ihr Klonbrüder, wo immer ihr auch seid:

> *Sechzehn kleine Embryos, die hießen alle Karl.*
> *Doch wer davon hat überlebt? War das der Kalte Karl?*

Laut werde ich dieses Lied auch Anna und Dietrich vorsingen, ganz laut, immer lauter, bis sie es nicht mehr aushalten und endlich reden. Sie müssen doch etwas wissen. Auf jeden Fall wissen sie mehr, als sie zugeben. Jetzt sind sie erst mal an der Reihe.

***

Franziska betrachtet Karls Schrift im Tagebuch. Zum Ende hin werden die Buchstaben immer krakeliger und undeutlicher. Karl hat nicht wie sonst sauber in das Tagebuch geschrieben, sondern geschmiert, als ob ihn etwas angetrieben, vorwärts gehetzt hätte.
Die letzte halbe Seite ist kaum lesbar, Franziska hat Mühe, sie zu entziffern. Mit wütenden Strichen hat Karl diese Eintragung beendet. Franziska sieht ihn vor sich, wie er quer über das Blatt fährt, die vollen Lippen aufeinander gepresst. Sie hatte nicht geahnt, dass es so in ihm aussah.
Die Melodie des alten Kinderliedes mit dem zynischen Text hat sich in Franziskas Gehirnwindungen festgebissen. Leise singt sie die letzte Zeile: »... doch wer davon hat überlebt? War das der Kalte Karl?«
Ja, es ist der Kalte Karl, er hat alles überlebt. Ihn gibt es, und wirklich nur einmal. Sein Alptraum hat sich nicht erfüllt, nirgends auf dieser Welt existiert ein Klonbruder.
Als sie ihm – am Ende der Suche – wenigstens diese gute Nachricht hatte mitteilen können, hatte er aufgeatmet: »Gut, sehr gut! Ich bin ich.« Das war an dem Tag, an dem sie ihn zum letzten Mal gesehen hat.
Doch weil ihm sein Ich blieb, wird Karl mit allem fertig werden, das hofft und weiß sie.
Aber wohin ist er gegangen?
Sie fährt sich über die Augen. Sie darf nicht grübeln, sie muss weiterarbeiten. Nun wird sie Anna und Dietrich ins traurige Spiel bringen, denn Karl hatte die Ankündigung aus seinem Tagebuch wahr gemacht und seine Eltern im Mai zur Rede gestellt. Wütend war er nach dieser Auseinandersetzung bei ihr eingefallen und hatte ihr erzählt, was passiert war. Und später erfuhr sie auch von Sarah und seinen Adoptiveltern noch einiges dazu.

Sie kann die Szene also guten Gewissens aufschreiben, sie wird allen gerecht. Die Tasten klappern wieder.

***

Die Suche (Teil 2, Forts.): Der Gensumpf

»Ich weiß jetzt, wer meine leiblichen Eltern sind!«, schleuderte Karl Meiberg seinen verdutzten Adoptiveltern entgegen, als sie beim Frühstück zusammensaßen. Es war der letzte Sonntag im Mai 2016. Auch Sarah war dabei, denn sie hatte bei Karl übernachtet. Die beiden hatten abgesprochen, dass sie sich zurückhalten würde, ihm sollte sie alles überlassen. Aber es beruhigte ihn ein wenig, dass Sarah in der Nähe war.
Anna und Dietrich Meiberg schauten sich an, sie hatten den aggressiven Ton in Karls Stimme bemerkt. Eine angespannte Stille breitete sich aus. Anna griff nach dem Arm ihres Mannes, der sich mit beiden Händen an der Tischplatte festhielt.
Dietrich fand als Erster seine Sprache wieder, doch seine Worte kamen stammelnd, hilflos: »So ... du hast es also geschafft ... ich wusste gar nicht ... wieso hast du denn nichts gesagt? Und du hast sie also gefunden ... und wer sind sie ... deine ... leiblichen Eltern?«
Anna schaute die beiden jungen Leute an und sagte gleich darauf, zu steif und zu hastig: »Wir freuen uns natürlich für dich ...«
Karl schnitt ihr das Wort ab. »Bevor ihr mit dem Freuen anfangt, hört mir erst einmal zu. Mein leiblicher Vater war ein vierundzwanzigjähriger Student, der für Geld in ein Glas gewichst hat. Er ist bei einem Autounfall gestorben. Und meine Mutter war eine Frau, die ihre Eizelle gespendet hat. Zum Wohle der Forschung und auch für Geld. Sie ist mit unbekannter Adressse in die USA gezogen.«

Anna presste Dietrichs Arm immer fester, während Karl weiterredete.
»Aber wie kamen die beiden zusammen, fragt ihr euch doch sicher? Ganz einfach: in vitro, im Glas. Darf ich vorstellen: Karl, das IVF-Kind. Dich als Ingenieur muss das doch begeistern. Geburtsort war die Albert-Schweitzer-Klinik, Geburtshelfer war Professor Wald, aber das wisst ihr ja genauso gut wie ich. Habt ihr mich bei ihm bestellt? Redet endlich, mein Gott, und schaut nicht so unschuldig drein. Ihr müsst doch was wissen. Wieso tut ihr so verblüfft? Das nehme ich euch nicht mehr ab. Und sagt mir endlich auch, wer mich ausgetragen hat! Welche Leihmutter wurde angeheuert, was habt ihr dafür bezahlt? Raus mit der Sprache. Ihr habt lange genug den Mund gehalten und mich belogen.«
»Wir haben dich nicht belogen.« Anna fing leise an zu weinen.
»Natürlich kennen wir Wald.« Dietrich räusperte sich. »Er hat die Adoption doch vermittelt. Anna war bei ihm Patientin, und da hatte sie ihm natürlich auch erzählt, dass wir keine Kinder bekommen können und alle Adoptionsbemühungen gescheitert sind. Wir wollten ja ein Baby und da kamen zu dieser Zeit auf ein Kind zehn Bewerber. Und inzwischen waren wir auch zu alt geworden, ich war schon einundvierzig und Anna neununddreißig.«
»Bitte, nicht wieder diese Mitleidsarie, das kenn ich alles schon. Komm zur Sache, Mann.«
Sarah schaute erschreckt zu Karl hinüber. Er hatte doch versprochen, sich zusammenzunehmen, auch die andere Seite anzuhören. »Beruhige dich bitte, lass ihn auch ausreden.«
Karl nahm sich zusammen, und Dietrich warf Sarah einen dankbaren Blick zu, als er weitersprach: »Wald hat sich ihre Geschichte gemerkt und Anna muss ihm auch sympathisch gewesen sein. Denn im Herbst 1999 rief er bei uns an. Er sagte, dass

er ein Kind zur Adoption habe, wahrscheinlich Anfang bis Mitte November käme es auf die Welt. Wir fuhren gleich zu ihm hin. Er stellte nur zwei Bedingungen: dass die Eltern auch uns gegenüber anonym bleiben und dass wir dein Geburtsdatum auf den 5. Februar 1999 vorverlegen. Das war der Tag deiner Zeugung in vitro gewesen.

Ja, Karl, wir wussten, dass du ein IVF-Kind bist. Und nur in dem Punkt waren wir nicht ehrlich. Aber warum hätten wir dir das sagen sollen? Deine Eltern blieben unbekannt, so oder so.«

»Und ihr habt nicht gefragt, warum die Leute das Kind nicht mehr haben wollten und was die ganze Mauschelei sollte?«

»Doch, schon. Wald hat nur was gemurmelt von Scheidung nach Sterilitätsbehandlung durch IVF. Das Paar habe diese ganze Prozedur, die jahrelangen Versuche nicht verkraftet. Der Mann habe seine Frau verlassen, und die wolle unter diesen Umständen das Kind nicht mehr. So was soll öfters vorgekommen sein, das war gar nicht so selten. Es klang ganz einleuchtend. Und wenn wir ein Baby wollten, und das wollten wir, mussten wir doch zustimmen. Es blieb uns nichts anderes übrig.

Du wurdest am 15. November geboren und schon vier Wochen später warst du bei uns. Und wir haben es nicht bereut, auch wegen dir.«

»Mir kommen gleich die Tränen vor Rührung. Ihr habt euch erpressen lassen von diesem Wald. Angeblich wegen mir. Aber ich war euch doch egal. Der saubere Professor wollte ein Kind loswerden und ihr wolltet eins haben. Eine Hand wäscht die andere.«

Karl zog einen Zettel aus seiner Hosentasche. »Das habe ich mir abgeschrieben, aus einem Artikel. Hört gut zu. Überschrift: Wir müssen das Geschäft mit der Fruchtbarkeit verhindern.«

»Wieso Geschäft?« Anna wurde lauter. »Wir haben kein Geschäft mit dir gemacht.«

»Wenn das kein Geschäft ist, Kind gegen Schweigen! Hört also zu. Schon 1984 haben schlaue Leute, also irgendwelche Kirchenvertreter, Mediziner, Juristen und Psychologen, über IVF und Leihmutterschaft diskutiert. Und die haben damals gefragt: ›Was passiert eigentlich mit der Identität eines Kindes, das dann so in eine Familie kommt? Was ist mit der Geschichte dieses Menschen, der da neu entsteht?‹ Euch war meine Geschichte egal, und das genau werfe ich euch vor.«

»Das mit der Leihmutter, wenn das überhaupt stimmt, wussten wir genauso wenig wie die Sache mit der Ei- und Samenspende. Und außerdem warst du doch da. Und wenn wir dich nicht adoptiert hätten, hätte es jemand anderes getan. Bist du denn nicht froh, dass du lebst? Sind wir denn so schrecklich?« Anna schüttelte den Kopf. »Ich versteh dich nicht, Karl, zählen siebzehn Jahre denn gar nicht mehr?«

»Das mit der Samenspende und Eispende wussten wir wirklich nicht, das musst du uns glauben«, bekräftigte Dietrich. »Und wenn wir es gewusst hätten, ich weiß nicht, ob wir uns deswegen gegen die Adoption entschieden hätten. Wahrscheinlich hätten wir dich trotzdem gewollt. Ich habe keine Vorurteile gegen Retortenbabys. Aber du scheinst welche zu haben.«

»Mein Gott, wollt ihr mich nicht verstehen? Ich will wissen, warum ich bin. Woher ich komme. Seinen Familienroman schreiben, nennen das die schlauen Psychiater, auf die du doch so stehst und zu denen du mich schon schicken wolltest.«

»Aber du weißt doch jetzt, wer deine leiblichen Eltern sind.«

»Das ist nur der Anfang, ich will alles wissen, alles. Und dazu fehlt das Wichtigste noch: der Auftraggeber – wer hat mich wieso bestellt? – und die Leihmutter. Ich lass mir nicht die neun Monate stehlen, in denen ich geworden bin, was ich bin. Der Mutterleib ist die erste Welt des Menschen, schon mal davon gehört?«

Dietrich sprach jetzt betont ruhig. »Karl, verrennst du dich da nicht in etwas?«
»Und wennschon. Das geht euch nichts an. Ich traue euch nicht mehr. Warum soll ich sie denn nicht suchen, meine Leihmutter? Vielleicht verschweigt ihr mir doch etwas. Meine Brüder zum Beispiel.«
»Du hast keine Brüder, wie kommst du denn darauf?« Anna verstand ihn nicht.
Karl begann zu singen, erst leise, dann immer lauter:

»Ein kleiner Embryo, der war ja so allein,
da haben sie ihn durchgezwickt, da waren es schon zwei.

Sechzehn kleine Embryos, die hießen alle Karl,
doch wer davon hat überlebt? War das der Kalte Karl?«

Er sah ihre entsetzten Gesichter, sah, wie Sarah, Anna und Dietrich sich über den Frühstückstisch hinweg verwirrt anblickten, und das bereitete ihm Genugtuung.
»Ihr denkt, ich bin übergeschnappt. Nein, so klar war ich noch nie im Kopf. Aber ich werde alles herausbekommen. Es geht um mich. Diesmal geht es um mich allein.« Karl brüllte den letzten Satz und dann begann er wieder zu singen:

»Vier kleine Embryos, die haben laut gelacht,
da hat der Forscher mehr geklont, da waren es schon acht.

Acht kleine Embryos ...«

Dietrich verlor die Fassung und schlug auf den Tisch. »Hör auf mit dieser schrecklichen Singerei. Und schrei uns gefälligst nicht so an, verdammt noch mal!« Mühsam beherrscht redete er weiter. »Ja, es geht um dich. Aber du lebst hier und heute, du lebst jetzt. Du bist bald siebzehn Jahre alt, und was sind da schon neun Monate? Was soll dieser Mythos von der Frau-die-mich-ausgetragen-hat. Erwartest du von ihr die Lösung, die Antwort auf alle deine Fragen und Probleme? Lächerlich ist das. Fang besser bei dir an, lass es uns zusammen …«

»Das werden wir noch sehen, ob das lächerlich ist.« Karl zischte Anna an. »Hör bitte mit dem Geflenne auf. Und Sarah, warum sitzt du denn so stumm rum? Sag auch mal was. Sag ihnen, dass ich Recht habe.«

Sarah fühlte sich unwohl, sie stand zwischen den Fronten. Sie verstand Karl, aber tief in ihrem Innern stimmte sie Dietrich zu. Das Heute war wichtiger und Karl verbiss sich wirklich in etwas. Sie hasste plötzlich diese Suche, die ihn auch von ihr entfernte. Er kam ihr sehr fremd vor in diesem Augenblick und seine verrückte Singerei hatte ihr Angst gemacht. War das noch der Karl, in den sie sich verliebt hatte?

Während Sarah nach den richtigen Worten suchte und sich ihre Sätze zurechtlegte, stand Karl abrupt auf. Die Stuhlbeine schleiften laut über den Parkettboden.

»Du sagst nichts, und das sagt mir alles. Bleib hier bei deinen Verbündeten. Ich geh zu Franziska. Sie ist die Einzige, die mich wirklich versteht.«

Bei dem Namen Franziska spürte Sarah wieder diesen gemeinen Stich in der Magengegend. »Bitte geh nicht, bleib hier, es ist halt alles nicht so einfach. Hör mir doch zu, bitte«, bat sie ihn.

Karl wollte ihr nicht mehr zuhören. Er rannte aus dem Zimmer. Die Haustür fiel laut ins Schloss.

Karl war allein, er hasste sie alle. Noch nie hatte er einen solch abgrundtiefen Hass gespürt, der sich wie eine Klammer um seinen Brustkorb legte. Er konnte kaum noch atmen.

***

Franziska unterbricht ihre Arbeit. Sie sieht wieder Karls hasserfüllten Blick vor sich, als er nach der Flucht aus dem Haus seiner Eltern völlig aufgelöst vor ihr stand und diesen komischen Zettel mit seinen Notizen immer noch in der Hand hielt. Sie sei der einzige Mensch, der ihn verstehe, hatte er tatsächlich behauptet.

»Außer dir selbst«, hatte sie ihm entgegengehalten. »Oder verstehst du dich am Ende selbst nicht mehr?«

War das der Zeitpunkt gewesen, an dem sie sich hätte zurückziehen müssen? Hat sie damals den kritischen Abstand zu Karl verloren, der nicht nur für eine Journalistin wichtig ist? Hatten sie sich beide zu sehr auf diese Suche nach der Leihmutter versteift?

Im Hinterkopf war damals wieder eine mögliche Geschichte aufgetaucht, wenn sie jetzt ehrlich zu sich selbst ist. Leihmutterschaft war zwar seit Karls Geburtstag 1999 gerade wieder erlaubt, aber immer noch sehr umstritten. Und irgendwas an dieser Geschichte war nicht in Ordnung, sie spürte das, genau wie Karl. Sie verstand ihn wirklich, aber nicht nur aus Sympathie, auch aus Eigennutz. Nun will sie alles wieder gutmachen, wenn sie es noch kann …

Einige Tage nach Karls Verschwinden hatte Franziska Anna Meiberg aufgesucht. Sie war noch nie in Karls Elternhaus in der autofreien Zone II gewesen. Das Solarhaus stand in einem kleinen Garten mit schönen alten Bäumen.

Franziska hatte befürchtet, Karls Adoptivmutter würde ihr Vorwürfe machen. Aber im Gegenteil, Anna war froh über ihren Besuch gewesen. Sie führte Franziska durch das gemütliche, helle Haus, auch in Karls Zimmer im ersten Stock.

»Seit unser Sohn weg ist«, sagte sie, »ist mein Mann noch verschlossener als sonst. Er will nicht mehr über die ganze Sache sprechen.«

Und dann standen die beiden Frauen in dem leeren Zimmer und jede hatte glasige Augen.
»Soll ich uns einen Kaffee machen?«
Franziska nickte. »Kann ich noch einen Augenblick hier bleiben, bis der Kaffee fertig ist?«, fragte sie. »Ich würde mir gern Karls Fotoalbum anschauen. Geht das?«
»Natürlich.« Anna Meiberg wischte sich mit dem Handrücken die Tränen aus den Augenwinkeln.
Franziska setzte sich auf Karls Bett. Sie fröstelte, denn das Zimmer wirkte unbewohnt und ungemütlich. Karls Mutter hatte wohl die Heizung abgestellt. Auf einem kleinen Holztisch neben dem Bett stand ein Foto von Sarah. An der Schranktür klebten braune und goldgelbe Wüstenfotos und über seinem Schreibtisch ein Poster, das eine Urwaldlandschaft mit einem riesigen Wasserfall zeigte. Daneben hing ein Polaroidfoto von ihr selbst, das Karl gemacht hatte. Am Rand stand: Franziska im Arbeitszimmer, 3. Juni 2016.
In der Ecke vor dem Fenster reckte sich eine Palme dem Licht entgegen und auf dem großen Bücherregal thronte der Plüschschwan, ein Geschenk von Sarah.
Franziska zog ihre Polaroidkamera aus der Umhängetasche, schaute durch den Sucher und drückte ab. Sie wird das Foto »Karls letzter Blick aus dem Fenster« nennen. In der rechten unteren Ecke ist noch ein Stück des Stoffschwanes zu sehen. »Ein Stück ist er geflogen, dann wurde es eine Bruchlandung.«
Annas Ruf von unten riss Franziska aus ihren Gedanken. Zusammen blätterten sie dann das Fotoalbum durch: Karl im Alter von vier Wochen, nachdem sie ihn aus Walds Klinik geholt hatten. Die Anzeige der stolzen Adoptiveltern, mit der sie Freunden und Verwandten den Sohn vorstellten. Ausfahrten im Kinderwagen. Ferien am Meer. Die ersten Schritte. Der erste

Kindergeburtstag. Der Umzug ins neue Haus nach Herbeck. Der erste Schultag und Sportfeste. Stationen einer ganz normalen Kindheit, die jedoch einen Schönheitsfehler hatte: Am Anfang stand eine Lüge.

Eine Notlüge, meinte Anna Meiberg. Und sie konnte sich nicht vorstellen, dass all das, was sie Franziska in dem Fotoalbum gezeigt hatte, nicht mehr zählen sollte.

Je länger Franziska sich mit Karls Geschichte beschäftigt, desto näher fühlt sie sich seiner Adoptivmutter. Sie hört sich das Gespräch nochmals an, das sie mit ihr geführt und bei dem Besuch aufgezeichnet hat.

Tonbandaufnahme des Gespräches zwischen Anna Meiberg und Franziska Dehmel, 16. Dezember 2016

Anna: Es hat mich schon sehr verletzt, dass Karl hinter unserem Rücken nach seinen biologischen Eltern gesucht hat. Nie haben wir Karl verschwiegen, dass er adoptiert ist. Sogar als ich ihn noch gewickelt habe, habe ich manchmal gesagt: Hör zu, wir sind deine Eltern, aber deine leiblichen Eltern kennen wir nicht. Du bist unser Sohn, aber nicht unser leiblicher Sohn. Das hat mir eine Freundin geraten. Dann kommt es einem leichter über die Lippen, wenn das Kind irgendwann danach fragt.

Und als Karl uns dann wirklich gefragt hat, haben wir ihm immer so geantwortet. Ich hatte nie das Gefühl, dass das ein Problem für ihn ist. Aber er hat natürlich nie viel über sich geredet. Er war schon immer ein eher verschlossenes Kind.

Und was hätte es gebracht, wenn wir ihm gesagt hätten, dass er ein IVF-Kind ist? Nichts. Am Anfang hätte er es nicht verstanden und später hätte es ihn nur verwirrt. Von diesen Spender-Eltern und allem wussten wir doch nichts.

Franziska: Müssen Sie sich aber nicht doch vorwerfen lassen, dass Sie ein Kind um jeden Preis wollten, also dass Sie auf diese dubiosen Bedingungen von Wald eingegangen sind?

Anna: Es war ja kein Kind um jeden Preis. Wir wussten nur nicht, wer seine Eltern waren, und sollten das auch nie erfahren. Das allein war der Preis, und der war doch lächerlich gering. Karl war ja schon da oder besser im Entstehen.

Franziska: Warum konnten Sie denn keine eigenen Kinder bekommen?

Anna: Ich habe eine seltene Hormonstörung. In meinen Eierstöcken reifen keine Eizellen und es gibt auch keinen Eisprung. Und bei dem hormonellen Chaos konnte ich auch kein Kind austragen. Sonst hätte ich mich wahrscheinlich für eine Abtreibungsadoption entschieden, die es ja so ab 1994 gab.

Franziska: Wie ging das genau vor sich?

Anna: Also eine Frau, die ungewollt schwanger wird und sich – aus welchen Gründen auch immer – entschließt abzutreiben, kann die Leibesfrucht zur Adoption freigeben. Sie muss aber sehr früh über die Schwangerschaft Bescheid wissen. Mit diesen neuen schnellen Tests ist das jedoch kein Problem, die melden eine Befruchtung schon vor Ausbleiben der Regel.

Noch bevor sich der Embryo einnisten kann, wird er aus der Gebärmutter herausgespült. Flushing heißt das. Der Embryo wird entweder sofort übertragen, wenn der natürliche Zyklus der Adoptivmutter für eine Empfängnis rechtzeitig mit Hormonspritzen vorbereitet ist. Oder der Embryo wird tiefgefroren und bleibt so lange im flüssigen Stickstoff, bis sich passende Adoptiveltern finden.

Franziska: Und wie war das bei Ihrem Mann?

Anna: Dietrich hat lange Zeit als Ingenieur in Kernkraftwerken gearbeitet. Er war auch bei diesem großen Störfall im Jahre 1992 dabei, in Wesel II, wo das benachbarte Mehrheim evakuiert werden musste. Als ich nicht schwanger wurde, hat er natürlich auch seinen Samen untersuchen lassen. Der war so geschädigt, dass er in eine Eizelle nicht mehr eindringen konnte. Und in ganz vielen Samenfäden war das Erbgut durch die radioaktive Bestrahlung verändert. Das haben genetische Untersuchungen ergeben. Bei den Familien vieler seiner Kollegen hatten sich Tot- und Fehlgeburten gehäuft. Das ging damals groß durch die Presse. Es war die Zeit, als diese kommunalen Keimzellenbanken entstanden. Die Leute hatten Angst bekommen, zu Recht, meine ich.

Franziska: Zurück zu Karl. Was für eine Beziehung hatten Sie zu ihm?

Anna: Ich denke schon, dass ich eine ganz gute Mutter war. Nachdem wir Karl adoptiert hatten, arbeitete ich nur noch halbtags als Museumspädagogin. Früher war ich Deutschlehrerin. Perfekt ist natürlich niemand. Aber ich habe versucht, ihn zu verstehen und zu fördern.

Ich hab mich sehr um ihn gekümmert und er ist doch auch ganz gut geraten. Er ist intelligent und aufgeweckt, aber etwas verschlossen eben. Ich habe ihn sehr lieb, und das weiß er auch. Deshalb verstehe ich nicht, wie er mir das antun kann, einfach zu verschwinden, ohne ein Wort.

Franziska: Aber Sie hatten doch auch Probleme mit Karl, oder nicht? Wie verhielt er sich denn Ihnen gegenüber? Er war doch immer sehr distanziert?

Anna: Verschlossen war er schon, aber nicht schwierig. Er war eher das Gegenteil von schwierig, er war gut zu haben. Pflegeleicht sei er, so hat mein Mann immer gesagt. Karl hat wenig geschrien, hat keine großen Stimmungsschwankungen gehabt, guckte immer ganz zufrieden. Er war allerdings kein großer Schmuser, schon nicht, als er sehr klein war.

Am Anfang, das muss ich zugeben, war ich deshalb fast verzweifelt. Karl war nicht wirklich teilnahmslos, aber immer irgendwie distanziert. Auch als er älter wurde, registrierte er alles sehr aufmerksam, aber so, als gehörte er nicht dazu. Ich bin sicher, dass er fühlte, wie sehr ich ihn mochte, doch es kam wenig zurück und er gab auch nichts von sich preis. Ich fühlte mich manchmal von ihm stark abgelehnt. Das war nicht leicht für mich. Doch im Laufe der Zeit habe ich mich mit seiner zurückhaltenden Art abgefunden und ihn nicht weiter bedrängt. Und es lief recht gut mit uns, später sogar immer besser. Wenn Kinder älter werden, haben sie es sowieso nicht mehr so gern, dass man sie streichelt und in den Arm nimmt und knuddelt. Schon gar nicht in der Pubertät. Du mit deinem mütterlichen Getue, hat Karl oft gesagt, aber das hat er nie böse gemeint. Richtig gestritten haben wir eigentlich nie.

Franziska: War er denn lethargisch, also antriebsschwach und uninteressiert, als Sie ihn damals aus dem Krankenhaus holten?

Anna: Was soll diese Frage? Er war ein liebes Kind, eben ruhig und verschlossen, und dass er sich für alles interessiert hat, habe ich ja schon gesagt. Sie formulieren das so negativ, das stört mich. Sie meinen wohl, er hat einen Schaden, weil er nicht so wie andere entstanden ist? Ich finde es schlimm, dass Sie so denken. Karl ist ein ganz normaler Junge. Nicht jeder zeigt halt seine Gefühle. Da gibt es Unterschiede zwischen allen Menschen. Meine Freundin hat eine Tochter, die ist auf die alte, herkömmliche Art entstanden und geboren worden und trotzdem ist sie ein kühler Typ, eben wie mein Karl. Und Dietrich ist auch so. Der Karl schlägt ganz nach meinem Mann.

Franziska: Aber Karl hat nie geweint, das stimmt doch? Kam Ihnen das nicht komisch vor?

Anna: Geweint hat er schon. Wenn er sich zum Beispiel das Knie aufgeschlagen hatte, wenn also ein Schmerz da war, hat er geschrien und sein Gesicht verzogen. Aber er hat niemals geweint, weil er traurig, froh oder gerührt war. Das habe ich nie gesehen. Es ist halt nicht jeder gleich. Und das hat sicher nichts mit dieser, dieser … Sie wissen schon … zu tun. Ich bin seine Mutter, siebzehn Jahre lang, da zählen doch diese neun Monate im Vergleich überhaupt nicht. Das wird total überbewertet.

Franziska: Ich bin mir da nicht so sicher. Vielleicht konnte sich Karl gerade wegen dieser ersten Zeit nicht wirklich an Sie binden. Vielleicht liegt es gar nicht an Ihnen, dass er der Kalte Karl wurde.

Anna: Wissen Sie, das ist mir inzwischen ziemlich gleichgültig. Er ist weg. Und das Einzige, was ich jetzt noch habe, ist Angst. Denn Karl ist mein Sohn.

Franziska: Und den will Ihnen doch auch niemand wegnehmen …

Anna: Wegnehmen vielleicht nicht, aber wenn ich ihn nie wieder sehe? Vielleicht hat er sich doch etwas angetan? Die Polizei haben wir natürlich verständigt, doch viel können die auch nicht unternehmen. Wenn ein Siebzehnjähriger gerade zwei Wochen verschwunden ist, leitet die Behörde noch keine Großfahndung ein.

Franziska: Beruhigen Sie sich, Anna. Karl taucht wieder auf, da bin ich mir sicher … Warum haben Sie ihn eigentlich Karl genannt?

Anna: Mein Vater hieß so. Er hat sich immer einen Enkel gewünscht, aber er ist gestorben, ein Jahr bevor wir Karl adoptiert haben. Deshalb haben wir unserem Jungen seinen Namen gegeben. Er hätte sich bestimmt darüber gefreut.

Franziska: Zum Schluss würde mich noch interessieren, wie Sie Professor Wald erlebt haben? Welchen Eindruck haben Sie von ihm?

Anna: Also damals, als wir Karl adoptiert haben, war er sehr vital. Man sah ihm seine vierundfünfzig Jahre nicht an. Er war

so ein richtiger Bilderbuch-Professor mit grauen Schläfen und schönen Händen, die sind mir aufgefallen. Er konnte sehr gut zuhören, und er gab einem wirklich das Gefühl, ernst genommen zu werden. Ich kann nur Gutes über ihn sagen.
Franziska: Aber nach allem, was Sie jetzt wissen, fühlen Sie sich von ihm nicht belogen und ausgenutzt?
Anna: Was passiert ist, ist passiert. Ich kann es nicht mehr ändern. Ich denke nur an Karl und was vielleicht mit ihm passiert. Professor Wald ist mir gleichgültig. Ich verurteile ihn nicht einmal. In mir haben Wut oder Hass keinen Platz, da drinnen spüre ich nur die Angst um meinen Sohn.

Als nun Annas leises Weinen zu hören ist, stoppt Franziska das Tonband. Sie will nicht, dass die gleiche Angst sich wieder in ihr breit macht, so wie damals, als sie Anna tröstend in die Arme nahm. Sie braucht jetzt ihre ganze Zuversicht und auch die Wut.
Anna nannte diesen Rüdiger Wald einen Bilderbuch-Professor. Und über diesen sauberen Herrn hatte Anti-Gen ein Dossier angefertigt. Das war das Einzige gewesen, was Karl in diesem Sommer wirklich in Händen gehalten hatte. Franziska geht die säuberlich getippten Zahlen und Fakten aus dem Anti-Gen-Archiv nochmals durch, denn sie gehören zu Karls Geschichte.

Anti-Gen-Dossier: Wald, Rüdiger

Name:	Prof. Dr. med. Rüdiger Johannes Wald, 28.6.1945 geboren in Schwenen
Aktuelle Adresse:	Herbeck-Schönau, Lothringer Straße 27, Telefon 0430/892438
Alter:	71 Jahre, seit drei Jahren verwitwet, keine Kinder

Kennzeichen:	Vor 5 Jahren Hüftgelenksoperation links, gehbehindert, Narbe am linken Knie

Beruflicher Werdegang:

1965–69	Medizinstudium in Berlin, München, Heidelberg
1969–71	Medizinalassistenz in Heidelberg
1972–76	Facharztausbildung als Gynäkologe in Bonn
1976–78	Assistenzarzt in der Universitätsklinik Heidelberg
1978–88	Oberarzt in der Universitätsklinik Mengen, Leiter der Studiengruppe IVF und später der IVF-Ambulanz Habilitation über »Neue Hormontherapie bei drohender Frühgeburt« (1979), Professorentitel (1982)

Das Mengener Team, in dem Wald zehn Jahre gearbeitet hat, war sehr erfolgreich:

1982	Geburt des ersten außerkörperlich gezeugten Kindes (IVF-Kind) in der Bundesrepublik Deutschland
1987	Geburt des ersten Kindes in der BRD, das vorher als Embryo kältekonserviert war (»Tiefkühlbaby«)
1978–1988	Mitglied der Ethik-Kommission, die Gutachten für das Embryonenschutzgesetz vorbereitete, das 1989 verabschiedet wurde.

Professor Rüdiger Wald, der als einer der Pioniere der modernen Reproduktionsmedizin galt, gab damals ein Sondervotum ab, das sehr umstritten war und in der Öffentlichkeit von Vertretern aller Parteien und aller Kirchen angegriffen wurde, besonders wegen zwei Punkten:

1) Wald wandte sich gegen das Verbot der Embryonenforschung; er trat für die Herstellung von Embryonen zu Forschungszwecken ein. Als Grenze für Experimente schlug er den 26. bis 28. Tag nach der Befruchtung vor. Er übertrug das moderne Kriterium des Todes (Hirntod = Erlöschen der Großhirnfunktion, weil dort Sitz des Bewusstseins) auf den Beginn des Lebens: Nach der 3. Woche beginnt sich das Gehirn zu entwickeln.

2) Er bezweifelte, ob ein Verbot der Leihmutterschaft sinnvoll sei, wenn das Ausland nicht mitzieht, denn das fördere nur den »Leihmutter- oder Fortpflanzungstourismus«.

1988	Anschlag der Gruppe »Rote Ronja-IVF-Tochter« auf die Klinik und das Labor, in dem Wald gearbeitet hat.
1988–96	Wald verlässt die BRD. Beginn seiner Forschungsarbeit in Australien. Spezialgebiete: »Künstliche Plazenta«, später dann »Frühe embryonale Signale«. Für seine Forschungsergebnisse war er in Diskussion für den Medizin-Nobelpreis des Jahres 1995.
1996–2010	Rückkehr in die BRD. Übernahme der Frauenklinik in Herbeck (Albert-Schweitzer-Klinik, Roonstraße 128, Herbeck). Wesentlich wichtiger: Gründung des größten privaten Forschungsinstituts für Fortpflanzungsmedizin, das der Klinik angegliedert ist. Jahresetat: 25 Millionen.

seit 2010	Pensionär, Mitglied in Beiräten von Forschungsinstituten im In- und Ausland und Beratervertrag mit dem Bundesministerium für Fortpflanzungsvorsorge.

Dieses Dossier hatte Karl und Franziska zunächst nicht viel weitergebracht. Als sie beide an einem schwülen Julitag im Büro von Anti-Gen saßen, bedauerte Dagmar Bruhns, dass sie nicht mit mehr Neuigkeiten aufwarten konnte.

»Und das erstaunt mich.« Die Biologin schüttelte den Kopf. »Wir haben bei den vier staatlichen Leihmutteragenturen in der BRD angefragt und außerdem über unsere Verbindungsleute im Ausland nachgeforscht. Es gingen Anfragen in die Vereinigten Staaten und zum Koordinationsbüro 3. Welt in Delhi, und alle Tragemütter-Vermittler und Brutfabriken wurden überprüft.

Am 15. November 1999 haben Leihmütter zehn Mädchen und fünfundzwanzig Jungen geboren, die registriert wurden. Aber kein männliches Neugeborenes hatte deinen genetischen Fingerabdruck. Auch bei den biologischen Eltern ergaben sich keinerlei Übereinstimmungen mit unseren Daten.«

»Mich gibt's also gar nicht«, warf Karl aufgesetzt humorvoll ein.

»Quatsch, du sitzt ja hier. Und nicht nur deswegen sollten wir weitermachen.« Dagmar Bruhns' Stimme hatte plötzlich einen leicht geheimnisvollen Unterton. Sie machte eine Pause, die Wichtiges ankündigte. Nur das Surren der Klimaanlage war noch zu hören.

»Weswegen denn sonst noch? Mach es nicht so spannend.« Franziska wurde ungeduldig.

»Einer unserer Kontaktleute im Bevölkerungsministerium hat etwas aufgeschnappt. Und zwar bekam der Leiter der Abteilung Fortpflanzungsfürsorge, wo dieser Freund arbeitet, einen Anruf von ganz oben. Wahrscheinlich von der Ebene der Bundeskanzlerin. Einmal ist mein Name gefallen und deiner auch. Er meinte, da sei eine Anfrage gewesen, ob die Behörden uns kennen und über unsere Verbindung Bescheid wissen. Und außerdem wurde auch die Zahl 1999 genannt.«

»Mein Geburtsjahr.« Karl blickte wieder interessierter in die Runde.

»Und ich schluck meinen Computer, wenn das ein Zufall ist.« Franziska spürte, wie sich ihr journalistisches Jagdfieber meldete.

»Den wirst du nicht schlucken müssen, das ist nämlich kein Zufall, darauf wette ich genauso.« Dagmar Bruhns wandte sich wieder Karl zu. »Pass auf, mein Junge, irgendetwas ist da faul. Und die Fäden laufen in der Albert-Schweitzer-Klinik zusammen, bei diesem Professor Wald. Das haben wir zwar schon länger vermutet, aber jetzt sollten wir was unternehmen. Deshalb mache ich dir einen Vorschlag. Du gibst mir dein Okay, dass wir eines unserer U-Boote in Walds Klinik einsetzen.«

»Was für ein U-Boot?«

»Wie der Name schon sagt: Das ist jemand, der eintaucht, aber unsichtbar bleibt. In diesem Fall ist es ein Arzt, der ganz normal in der Albert-Schweitzer-Klinik arbeitet, seit fünf Jahren, glaube ich. Er tritt aber niemals als Anti-Gen-Mitglied auf und nicht einmal als Sympathisant. Er wird außerdem nur aktiv, wenn er einen genauen Auftrag bekommt. Unsere U-Boot-Dichte in der BRD ist beachtlich.

Wir haben nämlich im Laufe der Jahre gemerkt, dass wir mit Offenheit und nur legalen Mitteln nicht sehr weit kommen. Wenn schon etwas ruchbar geworden ist, dann ist es meistens zu spät, um noch jemanden einzuschleusen. Aber jemand, der schon lange in einem Institut oder einer Klinik arbeitet, erregt keinen Verdacht. Außerdem kennt er den ganzen Laden und kann schnell und effektiv arbeiten. Wenn eine Chance besteht, an schwierige Dinge ranzukommen, dann nur mit einem U-Boot.

Wenn du zustimmst, denn es geht ja um dich, gebe ich an den Verbindungsmann alle Informationen weiter, die wir bis jetzt zusammengetragen haben. Er soll dann in der Klinik nachforschen, ob du in einer Datenbank registriert oder sonstwem bekannt bist. Es gibt zum Beispiel sicher noch Schwestern oder Ärztinnen, die 1999 schon dort gearbeitet haben und mit denen er reden kann. Vielleicht erinnern sie sich an die Adoption.«

Karl blickte Dagmar Bruhns skeptisch an. »Ich glaube eigentlich nicht mehr, dass dabei etwas herauskommt. Aber meinetwegen, ich habe nichts gegen einen U-Boot-Einsatz.«

»Das klingt ja schrecklich, wie im Krieg.« Franziskas Einwurf nahm Karl ohne Zögern auf.

»Ja, es ist ein Krieg, gegen diejenigen, die mir meine Herkunft gestohlen haben. Aber Sie«, forderte er von Dagmar Bruhns, »Sie müssen mir versprechen, mir immer alles zu sagen.«

Die Biologin versprach es. Sie bat Karl auch, nicht ungeduldig zu werden, wenn es einige Monate dauern sollte. Das U-Boot müsse vorsichtig vorgehen, dürfe keinen Verdacht erregen, sonst riskiere der Arzt, entdeckt und entlassen zu werden. Und dann wären sie jetzt und auch in Zukunft in dieser Klinik »außer Gefecht«.

Zwei Tage später instruierte Dagmar Bruhns den Verbindungsmann. Danach hieß es wieder warten. Es war ein heißer Sommer.

Karl wurde in dieser Zeit ruhiger. Er schien Frieden gemacht zu haben, mit seiner verworrenen Herkunft, mit den Spendern, deren Akten er immer weniger oft ansah oder durchlas. Seine

Mutter erinnerte sich später an eine »fast beängstigende Normalität«, die bei ihnen zu Hause wieder Einzug gehalten hatte.
Erst heute kann Franziska Karls Innehalten richtig einschätzen, die seine Umgebung als so angenehm empfand. Er schien wieder ganz der Alte zu sein, dabei war nichts mehr normal. Alles war für ihn nur mühsames Beherrschen. Damals im Sommer hatte keine friedliche, sondern eine trügerische Stille geherrscht.
Aus dem Tagebuch hatte Franziska erfahren, dass er Rüdiger Wald zur Rede hatte stellen wollen. Das Dossier war für Karl also doch noch nützlich gewesen, denn es hatte ihm Walds Adresse verraten.
Franziska sucht und findet in seinen Aufzeichnungen den Tag wieder, an dem Karl dem Professor einen Besuch abgestattet hat.

Karls Tagebuch, 15. August 2016, abends
Ich habe versagt. Ich wollte ihm gegenübertreten und ihn einfach nach allem fragen. Denn alles dauert mir zu lange, besonders diese Nachforschungen in der Klinik, wenn sie überhaupt Erfolg haben.
Aber ich habe versagt. Es wurde eine seltsame Begegnung, draußen in Herbeck-Schönau.
Gegen Abend bin ich hingefahren, nachdem ich Wald kurz vorher antelefoniert hatte. Als er sich meldete, habe ich aufgelegt. Ich wusste also, dass er zu Hause war.
Die Nummer 27 in der Lothringer Straße habe ich im Vorbeifahren gleich entdeckt. Er wohnt in einer schönen alten, aber keineswegs protzigen Villa. Ein Stück weiter die Straße runter habe ich dann das Mofa unter einem der mächtigen Alleebäume geparkt.

Ich hatte einen einfachen Plan. Ich wollte bei ihm klingeln, mich höflich vorstellen und dann fragen: »Sie haben mich im November 1999 an das Ehepaar Anna und Dietrich Meiberg zur Adoption vermittelt, erinnern Sie sich? Was wissen Sie über mich?«
Aber als ich auf sein Haus zuging, kam ich mir plötzlich so schrecklich naiv und dumm vor. Wer hat mir jemals auf die einfache Frage, woher ich komme, eine klare Antwort gegeben? Warum sollte Wald hier eine Ausnahme machen? Gerade der Mann, bei dem die Fäden scheinbar zusammenliefen.
Ich ging also erst einmal am Haus vorbei und überlegte mir dann, dass ich ganz anders auftreten muss: Ich klingle, er öffnet, ich stelle mich vor. Aber dieses Mal bitte und bettle ich nicht mehr um eine Antwort, die mir keiner geben will. Ich packe ihn am Kragen, schüttle ihn und drohe ihm: »Raus mit der Sprache, sonst …«
Ich spielte die brutalere Variante in Gedanken durch und machte wieder kehrt. Ich war fest entschlossen, es so zu versuchen.
Plötzlich trat er aus dem Haus. Ich habe sofort gewusst, dass der Mann mit dem Stock Professor Wald ist. Er blinzelte in die Abendsonne und spazierte los, vor seinem Haus bog er links ab, ging also direkt auf mich zu. Vielleicht fünfzig Meter waren wir noch voneinander entfernt.
Ich bin dann absichtlich langsam gegangen, um ihn besser betrachten zu können. Er ist ein sympathisch aussehender alter Mann mit ganz grauen Haaren, schlank und fast so groß wie ich. Doch er wirkt kleiner, weil er etwas gebückt geht.
Ich war enttäuscht. Er sah so harmlos aus, wie ein ganz gewöhnlicher Rentner auf seinem Abendspaziergang. Dieser Alte wirkte weder allmächtig noch bedrohlich, überhaupt nicht so, wie ich mir den Herrn über mein Leben (und auch meinen Tod?) vorgestellt hatte. Dieser Mann wandelte nicht wie der liebe Gott persönlich daher, er flößte mir keine Angst ein, machte mich nicht

wütend. Er rührte mich eher, wie er da so langsam und bedächtig unter den Bäumen entlangtrottete.
Ich habe richtig die Wut und Abneigung zurückrufen müssen, die ich sonst immer empfunden habe, wenn ich seinen Namen hörte oder las: Professor Rüdiger Wald.
Und da stand ich schon neben ihm und sprach ihn tatsächlich an: »Guten Abend, ich bin Karl Meiberg.« Ich machte eine Pause. »Kennen Sie mich noch?«
Er lächelte mich an. »Moment, ja, ich habe eine Uhr ... es ist kurz nach acht.«
»Sie haben mich nicht richtig verstanden.«
Er sah mich angestrengt an: »Tut mir Leid«, sagte er dann etwas unsicher, »Sie müssen schon etwas lauter sprechen. Ich höre schlecht und mein Hörgerät ist gerade in Reparatur.«
Ich muss ihn vollkommen entgeistert angeschaut haben. Er stutzte jedenfalls und betrachtete mich genauer: »Ist was mit Ihnen, junger Mann? Kennen wir uns?«
Die Szene war einfach zu lächerlich! Da will ich jemanden zur Rechenschaft ziehen und dann hört der nicht richtig, versteht alles falsch und sagt mir die Uhrzeit.
Ich habe nur noch geantwortet: »Sicher nicht, danke und guten Abend«, dann bin ich weitergegangen, ohne mich noch einmal umzudrehen.
Doch es war nicht allein diese fast komische Begegnung, die mich verunsichert hat. Seine Stimme hat mich getroffen, diese alltägliche Altmännerstimme hat mich sehr seltsam berührt. Als er mit mir sprach, ist alle Wut verschwunden. Ich fühlte mich nur noch klein und elend. Und er erschien mir plötzlich so unangreifbar, so fern und übermächtig, wie ich ihn mir immer vorgestellt hatte. Total verwirrt bin ich dann nach Hause gefahren.
Und jetzt sitze ich hier und schreibe diese Begegnung auf. Ich bin natürlich immer noch überzeugt, dass Wald etwas weiß. Aber ich

bin unsicher geworden, ob ich es überhaupt noch wissen will. Langsam geht mir die Kraft verloren, diese Suche immer weiterzutreiben. Wohin wird sie mich führen? Was erwarte ich überhaupt von den anderen und von mir selbst?
Vielleicht hat Sarah doch Recht und ich habe mich wirklich in mein Problem verrannt. Dass mich die Begegnung mit diesem alten Rentner so aus der Fassung bringt, ist lächerlich. Ich habe versagt und fühle mich ohnmächtig, ich drehe mich im Kreis.
Ich muss in den Ferien Abstand gewinnen. Ich werde Sarah und mir selbst verbieten, über diese verdammte Suche in Griechenland auch nur ein Wort zu verlieren.

Kurz danach ist Karl dann mit Sarah nach Griechenland gefahren, erinnert sich Franziska. Dort hatten sie auch Sarahs siebzehnten Geburtstag gefeiert, die Reise war ein Geschenk ihrer Eltern gewesen. Franziska hatte eine Postkarte von der Insel Korfu erhalten, die immer noch dort an der Pinnwand hängt. Dunkle Zypressen, türkisblaues Meer. Sarah hatte Karls Urlaubsgrüße nur unterschrieben:
»Heute sind wir zu einer Burgruine an der Westküste gewandert, durch silbrige Olivenhaine. Die Bauern legen Netze unter die Bäume, in die sie die schwarzen Früchte schütteln. Das Wasser ist so klar, so blau, so frisch. Wenn ich eintauche, sind alle Gedanken an Herbeck wie weggewaschen. Nur einmal glaubte ich ein U-Boot zu sehen, doch es war nur der Schatten eines Fischkutters.«

Ganz ist er Herbeck also nicht losgeworden, denkt Franziska. Er wusste ja schließlich, dass Anti-Gen weiter für ihn arbeitete.
Während sie erneut in seinem Tagebuch blättert, kommt sich Franziska wieder als Eindringling vor. Doch er hat es ihr

schließlich geschickt, damit sie darin liest. Manchmal fällt ihr das Lesen schwer, weil seine Worte sie oft traurig zurücklassen. Sie spürt die bleierne Ausweglosigkeit fast körperlich, die aus Karls Aufzeichnungen spricht.

Karls Tagebuch, 25. August 2016, Korfu
Der Himmel hier ist blau. Er verzaubert das klare Wasser, worin er sich spiegelt. So ist auch das Wasser blau und es ist ruhig.
Sarah ist bei mir, aber ich bin nicht bei ihr. Ich kann es nicht sein, denn ich bin nicht einmal bei mir selbst. Sie merkt das nicht.
Fast mechanisch mache ich Liebe und denke dabei nur an das klare, blaue Wasser. Ich fühle und rieche Sarah gern, sehr sogar, aber es ist nur ein körperliches, fast äußerliches Gefühl.
Ich streichle sie und sie lächelt mich an. Aber eigentlich wäre ich lieber allein und ich habe doch so schreckliche Angst, allein zu sein.
Wenn sie mich berührt, rührt sie nicht an mein Innerstes. Es ist verschlossen, aber es schreit.
Stumme Schreie gegen den blauen Himmel.
Jeden Abend gehe ich allein ans Meer, zu einem Felsen am Ende der Bucht. Sarah weiß, dass sie mich dann nicht stören darf.
Die Zypressen auf den steilen Hängen sehen aus wie dunkle Wächter, die mit angelegten Armen vor etwas strammstehen.
Gestern saß ich auch auf meinem Felsen. Die Sonne sank immer tiefer. Bald würde alles zu einer kitschigen Postkarte werden: Sonnenuntergang in Griechenland.
Ich war verschwitzt, es war heiß und ich bin ins Meer gesprungen. Im Wasser machte ich die Augen auf und schaute nach oben. Ich sah wunderschöne Farben, gelb, blau, orange, türkis, weiß. Ich tauchte nicht sofort auf, hielt die Luft weiter an. Die Farben flossen ineinander und es rauschte in meinen Ohren.

Hier bleiben. Versinken. Ruhe haben.
Ich versuchte mich ganz schwer zu machen. Absinken. Einen Augenblick gelang es, bevor mich das blaue Wasser wieder nach oben trug. Oder bin ich nach oben geschwommen?
Mir war schlecht, als ich auf den Felsen kletterte. Die Sonne verschwand gerade am Horizont.
Ich hätte gerne geweint, aber es ging nicht.
So sehr wie gestern Nacht habe ich Sarah noch nie gebraucht. Aber als sie ruhig neben mir schlief, habe ich mich so unendlich weit entfernt von ihr gefühlt. Ich dachte nur an die leichte Schwere im Wasser. Da hatte ich für einen Augenblick wirklich alles vergessen. Jetzt denke ich wieder nur an Herbeck und sehe das schmutzige Grau seines Himmels.

Nach diesem Sommerurlaub in Griechenland war Karl verändert gewesen. Das wird Franziska erst jetzt so richtig klar. Er war nicht mehr so oft bei ihr vorbeigekommen und Franziska hatte die gemeinsamen Teestunden mit ihm sogar ein wenig vermisst.
Fabian dagegen war froh gewesen: »Es ist jetzt viel wärmer, seit der KK nicht mehr so oft hier rumhängt. Und du merkst auch wieder, dass es mich überhaupt noch gibt.«
Karl schien das frühere starke Interesse verloren zu haben, seine Herkunft und Entstehung bis ins Letzte aufzuklären. Als Franziska ihn bei einem seiner selten gewordenen Besuche darauf ansprach, erklärte er ihr bestimmt: »Das wird niemals unwichtig für mich sein. Aber ich glaube einfach nicht mehr daran, dass wir etwas erfahren. Mir fehlt einfach die Kraft, noch weiter etwas zu unternehmen. Aber es gibt ja noch dich und Dagmar Bruhns und das U-Boot. Ich setze auf euch, ihr dürft nicht aufgeben.«

Als er sie damals, im September, anflehte, die Suche nicht aufzugeben, hatte er ihr gleichzeitig versprochen: »Wenn was Tolles rauskommt, kannst du von mir aus darüber schreiben.« Und dieses Versprechen hat er nicht vergessen und ihr das Tagebuch geschickt, Futter für ihren Artikel.

Ganz war sein Interesse aber doch noch nicht erlahmt gewesen. Das hatte Franziska kurze Zeit später bemerkt, als Karl ihr einen seltsamen Vorschlag unterbreitete. Heute sieht sie darin ein letztes, hilfloses Aufbäumen gegen diese Niedergeschlagenheit, die drohte, ganz von ihm Besitz zu ergreifen. Nur deshalb hat sich Karl wohl an diese mehr als fragwürdige Möglichkeit erinnert, in »die erste Welt« zurückzukehren: eine Hypnose.

Ihm war Franziskas belustigter Blick nicht entgangen, nachdem er diesen Vorschlag gemacht hatte. »Ich habe das in einem ernsthaften Fachbuch gelesen. Das ist kein Blödsinn und auch nichts Okkultes. Du kennst doch eine Menge Leute, ist darunter nicht auch ein Psychologe? Die können nämlich so was«, versicherte Karl eifrig.

»Weil du es bist, höre ich mich mal um«, hatte sie ihm versprochen.

Sie fragte Michael Timm, einen befreundeten Psychiater, und der konnte tatsächlich hypnotisieren, so behauptete er wenigstens. Er hatte auch nichts dagegen, diese in Franziskas Augen seltsame Bitte zu erfüllen. Sie war überrascht und blieb skeptisch: »Und du glaubst wirklich, du kannst Karl durch Hypnose in den Mutterleib zurückversetzen? Das ist doch Hokuspokus.«

Michael lachte. »Na, und wennschon. Es scheint ein Herzenswunsch deines Schützlings zu sein. Schaden kann es ihm nicht und Hokuspokus ist es auch nicht. Ich versetze einfach jemanden in einen schlafähnlichen Zustand. Das ist nur eine Sache der Konzentration. Es ist vollkommen ungefährlich und deshalb einen Versuch wert, wenn ihm das so wichtig ist. Vielleicht hilft es ihm sogar, mit seiner Situation besser umzugehen. Nach dem, was du mir erzählt hast, scheint er ganz schön depressiv zu sein. Letztlich ist egal, was dabei herauskommt. Hauptsache, er hat das Gefühl, wir unterstützen ihn. Und außerdem ist da auch etwas dran.«

»Sag bloß! Bist du auch schon mal in den Bauch deiner Mami zurückgekrochen? War's schön? Erzähl mal.«

»Das werde ich gerade dir erzählen.« Michael lachte. »Aber Spaß beiseite. Im letzten Drittel der Schwangerschaft hat der Fötus schon so etwas wie ein Bewusstsein. Er denkt natürlich nicht so wie wir, aber er nimmt wahr und speichert Eindrücke. Er erlebt Gefühle und reagiert auf Stimmungen der Mutter. Nach der Geburt erkennen Babys zum Beispiel Melodien, die sie im Mutterleib gehört haben. Viele Menschen haben im Traum, unter Drogen oder eben unter Hypnose vorgeburtliche Ereignisse durchlebt, die man ihnen verschwiegen hat. Ein Mann zum Beispiel beschrieb unter Hypnose, dass es entsetzlich heiß werde und er Angst bekomme. Als der Psychologe dann die Mutter befragte, gestand sie, dass sie im siebten Monat verzweifelt versucht hatte, das Kind mit heißen Sitzbädern abzutreiben. Und dann gibt es noch diese Geschichte von dem Mädchen, das nicht sprechen wollte …«

»Ist ja gut, bitte keine Horrorgeschichten mehr. Ich geb mich geschlagen, aber überzeugt bin ich nicht. Darf ich aber wenigstens bei dieser Sitzung dabei sein, großer Magier?« Sie verabredeten sich für das nächste Wochenende in seinen Praxisräumen.

Karl kam pünktlich und Michael erklärte ihm ruhig, wie die Sache ablaufen würde. Gleichzeitig dämpfte er seine Erwartungen. »Sie können höchstens mit diffusen Eindrücken rechnen, wenn wir überhaupt etwas erfahren.«

Karl hatte gegrinst: »Es ist nur ein Versuch. Los geht's.«
Er musste sich auf einen Stuhl setzen und die Augen schließen. Michael befahl ihm, sie langsam wieder zu öffnen und eine Bleistiftspitze anzustarren, die er in etwa vierzig Zentimeter Abstand vor Karls Gesicht hielt.
»Schauen Sie auf diese Spitze. Ihre Augen werden müde, ganz müde, sie fallen zu.«
Und Karls Augen fielen tatsächlich zu. Ganz ruhig und entspannt saß er da, als ob er schliefe.
»Wir gehen jetzt weit zurück. Sie sind wieder ein kleines Kind, ein Baby. Wir gehen noch weiter zurück. Sie sind noch nicht geboren. Sie sind acht Monate alt. Was fühlen Sie?«
»Sie starren mich an.«
»Wer?«
»Sie starren mich an.«
»Wie sehen sie aus?«
»Gesichter.«
Andere Äußerungen konnte der Psychologe Karl nicht entlocken.
Danach holte er Karl langsam in die Wirklichkeit zurück. Michael erklärte ihm, dass er jetzt wieder größer werde. Vorsichtig weckte er ihn schließlich aus der Hypnose auf.
»Ihre Arme sind ganz frei, die Beine auch. Ihr Kopf ist leicht und frei, atmen Sie tief ein und aus. Sie sind ganz ausgeruht, frisch und entspannt. Sie sind wieder ganz wach. Machen Sie die Augen auf.« Karl öffnete die Augen.
Nachdem er Franziskas Bericht vernommen hatte, war er enttäuscht. »Mehr habe ich wirklich nicht gesagt?«
Nachdem auch dieser hilflose Versuch, sich seiner Leihmutter zu nähern, gescheitert war, stürzte Karl ab. Vollkommen gleichgültig war er Franziska erschienen, als sie dann wenige Wochen später wieder zusammen in das Büro von Dagmar Bruhns mar-

schiert waren. Doch dieses Mal hatte Anti-Gen endlich wirkliche Neuigkeiten. Mit ihnen begann die dritte und letzte Phase der Suche.
Und Karls Geschichte wird sie auch bald fertig haben. Franziska Dehmel schreibt weiter.

***

Die Suche (Teil 3): High-Tech-Schöpfung

»Wollen Sie auch in Zukunft wissen, wer Sie sind?« Diese Frage steht auf dem Plakat, mit der die Gruppe Anti-Gen neue Mitglieder wirbt. Karl Meiberg jedoch erhielt im September 2016 immer noch nicht die letzte Antwort. Aber Dagmar Bruhns übergab ihm ein brisantes Papier, dessen Inhalt sie dem Jungen behutsam erklärte. Der Arzt, der in der Albert-Schweitzer-Klinik als Vertrauensmann der Bürger- und Wissenschaftlerorganisation arbeitete, hatte in einem Bericht folgende Tatsachen zusammengetragen:
Die Datei der Keimzellenbank der Klinik führte sechs Embryonen, die am 5. Februar 1999 aus den gleichen Keimzellen für eine Versuchsreihe in vitro erzeugt wurden. Eine ministerielle Sondergenehmigung lag vor.
Die Spendernummer Y 62097 und X 87098, unter denen die Keimzellen der genetischen Eltern von Karl Meiberg gespeichert waren, wurden nach dem 5. Februar 1999 als »verbraucht« aus der Datei gelöscht.
Der Computer registrierte zehn Tage später den Exitus von fünf Embryonen. Nur ein Embryo-Datensatz blieb weiterhin gespeichert, es war die Nummer 4. Er war männlich und sein genetischer Fingerabdruck stimmt mit Karl Meibergs Daten überein. Der Embryo trug den Zusatz: 1 KG/AU.

Am 15. November 1999 war die Geburt des Embryos Nummer 4 registriert, Geburtsgewicht: 2800 Gramm, Länge: 56 Zentimeter.
Die Bedeutung des Kürzels 1 KG/AU war nirgends erklärt. Ein Verweis auf eine Leihmutter fehlte. Auch in keinem der Leihmutterverträge aus dem Jahr 1999 fanden sich entsprechende Embryonendaten. Und niemand aus dem Personal hatte besondere Erinnerungen an eine Adoption im Dezember 1999.
Mitarbeiterinnen des Instituts für Fortpflanzungsmedizin hatte der Arzt ebenfalls befragt, und zwar nach »besonderen Ereignissen« im Jahr 1999. Er hatte gemutmaßt, dass diese Sondergenehmigung SGR 1999 und die damit verbundene Geheimnistuerei vielleicht mit Aktivitäten im Forschungsinstitut für Fortpflanzungsmedizin in Verbindung stand, das der Klinik angeschlossen war.
Der Arzt war fündig geworden: Von 1998 bis 2010 hatte der Forschungsschwerpunkt »Einnistung« mit der Geheimstufe 5 existiert, also der höchsten Geheimhaltungsstufe. Leiter: Professor Rüdiger Wald. Forschungsgelder kamen vom Ministerium für Bevölkerungspolitik und vom Umweltministerium. Die Abteilung »Einnistung« war mit Walds Pensionierung im Jahr 2010 aufgelöst worden.
Ende November 1999 hatten die staatlichen Stellen den Etat für diese Forschung verdoppelt, eine überraschende Maßnahme, die einige alte Institutsangehörige so verblüfft hatte, dass sie sich heute noch daran erinnern. Als sie damals nach dem Grund für diesen Geldsegen gefragt hatten, erhielten sie von Wald keine klare Antwort.
Im Jahr 2000 hatte die Projektgruppe »Einnistung« ein Patent angemeldet, in dessen Registriernummer die Buchstabenkombination KG/AU auftaucht. Diese Angabe stammt aus Forschungsberichten und internen Arbeitspapieren. Genauere In-

formationen waren nirgends greifbar, da sie wahrscheinlich in der Privatdatenbank von Wald gespeichert wurden.
Der Bericht schloss mit zwei Fragen:
1) Was bedeutet KG/AU?
2) War es Zufall, dass diese besondere zusätzliche Förderung des Projekts »Einnistung« in den Monat von Karl Meibergs Geburt fiel?

»Wollen Sie auch in Zukunft wissen, wer Sie sind?« Karl Meiberg verlangte zu Recht eine Antwort. Nach dem Bericht aus der Albert-Schweitzer-Klinik wurde für seinen Fall immer klarer, wo die Antwort stecken könnte.
Dagmar Bruhns beauftragte mit Einwilligung von Karl Meiberg einen Hacker. Er sollte zu der Privatdatenbank des Leiters der Projektgruppe »Einnistung«, Professor Rüdiger Wald, einen Zugang finden und die Daten plündern.
Die Biologin steht heute in der Öffentlichkeit weiterhin zu dieser Entscheidung: »Besondere Situationen erfordern besondere Handlungsweisen. Den Vorwurf, wir hätten illegal gehandelt, weise ich entschieden zurück. Wir verhalfen einem jungen Mann zu seinem legalen Recht. Illegal haben die anderen gehandelt, die seine Herkunft vertuscht haben.«

***

Franziska hat die Situation noch genau vor Augen. Unbeweglich hatte Karl den Bericht aus Walds Klinik vernommen. Dagmar Bruhns dagegen war wie elektrisiert gewesen, hatte wild mit den Armen gestikuliert und sich in die verwegensten Spekulationen verstiegen. Zuerst hatte sie vermutet, dass KG/AU ein neuer Gentest sei. Dann wieder hielt sie KG/AU für einen Stoff, der frühe embryonale Signale vermittelt und die Einnistung steuert. War KG/AU ein mögliches neues Medikament gegen Fehlgeburten? Hatte Wald es vielleicht an Frauen, zu denen auch Karls Leihmutter gehörte, getestet, obwohl es noch nicht zugelassen war?

Franziska hatte Dagmar Bruhns richtig bremsen müssen. Sie war im Begriff gewesen, den verstörten Jungen, der doch auch noch im Zimmer saß, total zu vergessen. Als Karl von den sechs Embryonen erfahren hatte, das ist ihr besonders aufgefallen, war er erschrocken zusammengezuckt. Schließlich waren es seine Brüder und Schwestern gewesen, alle hatten sie die gleichen Eltern gehabt. Franziska war deshalb nicht überrascht gewesen, als Karl auf dem Heimweg plötzlich laut sagte: »Alle sind sie tot. Nur die Nummer 4 hat überlebt, nur ich bin geboren worden. Warum bloß?«

Er wollte nun wieder alles genau wissen, weil eine Aufklärung endlich möglich und greifbar schien. Als sie damals den Weg vom Anti-Gen-Büro in die autofreie Zone II zum letzten Mal gemeinsam gegangen waren, hatte Karl fast angewidert auf das gelbe Neon-H gedeutet, dessen oberes Ende über den Dächern gerade noch zu sehen war. »Ich habe immer gedacht, das H steht für heimlich. Aber es steht wohl eher für unheimlich.«

Ihn hatten diese Neuigkeiten, auch wenn sie ihm Angst machten, aus seiner lähmenden Gleichgültigkeit herausgerissen. Und so kam es, dass Karl nach diesem Tag wieder öfter bei ihr vorbeischaute. Sie hatte sogar das Gefühl gehabt, dass er sich Schritt für Schritt mit den Tatsachen abfand.

Karl diskutierte mit ihr über das alte Thema: Ist der Mensch mehr als die Summe seiner Gene? Und langsam schien ihm bewusst zu werden, dass seine sozialen Eltern mindestens genauso wichtig waren wie diese Chromosomengeber, wenn nicht sogar wichtiger. »Ich weiß, dass Anna und Dietrich mich lieb haben. Aber ich kann ihnen nicht verzeihen, dass sie mich angelogen haben. Noch nicht. Vielleicht muss ich erst alles wissen, damit ich ihnen vergeben kann.«

Damals hat Karl ihr auch erzählt, dass er sich als Kind sehr viel stärker zu Dietrich hingezogen gefühlt, Anna dagegen in seinem tiefsten Inneren immer und sehr radikal abgelehnt hatte, obwohl sie ihn viel herzlicher behandelte. »Ich habe ihr wohl nie verziehen, dass sie mich nicht geboren hat, dass sie nicht meine leibliche Mutter war. Dabei hatte ich mir das doch immer so sehr gewünscht. Und weil sie mir den Wunsch nicht erfüllen konnte, habe ich sie vielleicht bestraft. Typisch Kalter Karl.«

Er hatte damals wirklich begonnen, über sein Leben hier und jetzt nachzudenken. Es ging ihm langsam besser, aber das sollte nicht lange so bleiben.

Franziska rechnet nach. Karl ist nun seit fast vier Wochen verschwunden. Vor ungefähr zwei Wochen hatte sie seinen Adoptivvater aufgesucht und mit ihm gesprochen. Der hatte sich von Anfang an gerechtfertigt und am Ende ihres Gespräches war er sogar richtig feindselig geworden. Sie spielt die Tonbandkassette noch einmal ab, und als sie Dietrich Meibergs Worte mit Abstand erneut vernimmt, fragt sie sich, ob in seinen Vorwürfen nicht doch ein Körnchen Wahrheit steckt.

Tonbandaufnahme des Gespräches zwischen Dietrich Meiberg und Franziska Dehmel, 19. Dezember 2016

Dietrich: Ich glaube an die Vernunft. Es muss doch möglich sein, über etwas vernünftig zu reden. Das ging einfach nicht mehr mit Karl. Seit diesem Auftritt im letzten Mai hat er über seine Suche geschwiegen. Ich habe öfters nachgefragt, aber er wollte nicht mehr mit mir reden. Wieder und wieder sind wir aneinander geraten, man konnte sich einfach nicht mehr vernünftig mit ihm unterhalten.

Franziska: Über was haben Sie denn genau gestritten?

Dietrich: Es war immer diese alte Sache: Wir hätten ihm seine Herkunft genommen, die Wurzeln abgehackt. Den Ausdruck verwendete er immer, aber das wissen Sie ja.

Ich habe dagegengehalten, dass wir ihn doch weder bestellt noch für ihn bezahlt haben, sondern dass er schon da war, als wir ihn adoptierten. Wir haben ihm nur ein Heim gegeben. Was vorher passierte, war nun wirklich nicht unsere Schuld. Ich habe ihm auch gesagt, dass es uns Leid tut, dass wir Wald vielleicht tatsächlich zu leichtfertig vertraut haben. Mehr konnte ich nicht sagen oder tun, er ließ sich ja auch nicht helfen.

Es gibt sonst nichts, für das wir uns entschuldigen müssten. Wir waren gute Eltern, siebzehn Jahre lang. Doch Karl wollte das nicht mehr sehen. Immer wieder fing er von dieser Leihmutter an. Als ob neun Monate ein ganzes Leben prägen könnten. Das ist Quatsch, wissenschaftlich widerlegt.

Wissen Sie, ich finde, dass Karl mir ähnlich ist und nicht dieser, dieser ... na, Sie wissen schon. Ich bin ein rationaler Mensch, deshalb bin ich wohl Ingenieur geworden. Aber wenn ich auch meine Gefühle nicht so zeigen kann, ich liebe Karl. Er ist mein Sohn.

Vielleicht habe ich ihm zu wenig gesagt oder gezeigt, wie viel er mir bedeutet. Ich bin ja in einer Zeit groß geworden – ich bin Jahrgang 1958 –, in der wir Männer noch dazu erzogen wurden, bestimmt aufzutreten und keine Schwächen zu zeigen. Auch zu mir passt der Stempel, den alle Karl aufgedrückt haben. Auch ich bin eher ein zurückhaltender Typ und manche finden mich kalt. Aber was sagt dieses Wort schon. Es bleibt letztlich ein Klischee. Es liegt sicherlich an mir, dass Karl so ist, wie er ist. Ich lasse mir von niemandem einreden, dass es an dieser anderen Sache liegt.

Und wenn Karl diesen modernen technischen Methoden sein

Leben verdankt, so macht mir das keine Angst. Ich bin Ingenieur und habe nichts gegen den Fortschritt.

Es ist immer das Ergebnis, was zählt, und das schau ich mir genau an, analysiere es. Und Karl ist in Ordnung. Er ist gesund, körperlich und seelisch. Er ist ein normaler Junge und alle Jungen sind schwierig, wenn sie siebzehn sind.

Franziska: Sie haben überhaupt keine Bedenken?

Dietrich: Nicht wirklich, wenn ich ehrlich sein soll. Und auch Professor Wald hat doch nichts Böses im Sinn gehabt oder getan. So schlimm ist das alles doch wirklich nicht, dass Karl einfach wegrennen muss und dass man nicht vernünftig darüber sprechen kann, von Mann zu Mann.

Ich habe noch gut verstanden, dass ihm das zu schaffen gemacht hat, dass seine Eltern anonym waren. Das geht vielen Adoptivkindern so, besonders, wenn sie erwachsen werden und die erste Liebe erleben. Dann stellen sie Fragen und damit haben wir immer gerechnet.

Als Karl anfing, sich mit seiner Herkunft zu beschäftigen – da war er fünfzehn –, fanden wir das ganz in Ordnung. Das gehört zur Pubertät. Und ich habe ihm auch meine Hilfe angeboten. Aber dann sind Sie gekommen. Sie haben mit dazu beigetragen, dass wir uns entfremdet haben, Karl und ich. Und schließlich hat er mit Ihrer Hilfe herausgefunden, wer seine leiblichen Eltern waren. Warum haben Sie da nicht einfach aufgehört und einen Schlussstrich gezogen? Denn wenn überhaupt etwas zählt, dann wirklich mehr die Gene als diese lächerlichen neun Monate.

Die Erbanlagen sind da, okay, und dann kommt die Umwelt dazu. Das erst macht einen Menschen aus. Und welche Anteile Erbe und Umwelt haben, ist immer noch umstritten. Aber dass ein Mensch nicht fertig auf die Welt kommt, ist unwidersprochen, bis heute.

Wenn man seine Vernunft bemüht, verliert die Sache ihren Schrecken und wird nebensächlich, belanglos. Karl hat daraus die Hauptsache gemacht und Sie haben ihn auch noch darin bestätigt. Das war falsch.
Franziska: Mir fällt auf, dass Sie, genau wie Ihre Frau, nur von »moderner Technik« oder »dieser Sache« reden. Manchmal sagen Sie auch einfach »na, Sie wissen schon« und bestenfalls »sie«. So ganz geheuer ist Ihnen wohl doch nicht.
Dietrich: Ich kämpfe dagegen an, dass es mir nicht geheuer ist. Ich gebrauche meinen Verstand. Vernunft statt Panikmache. Das ist wichtig, das sollten Sie auch tun. Oder besser, das hätten auch Sie tun sollen. Sie bauschen alles auf, das ist nicht gut und hat Karl geschadet. Wenn man alles in einem nüchternen, vernünftigen Licht betrachtet, hilft man ihm mehr. Und hätten auch Sie das von Anfang an gemacht, wäre er nicht weggerannt. Dafür gibt es nämlich keinen Grund.
Sie sind mitschuldig, Sie haben ihn auch gegen uns aufgehetzt. Dauernd war er bei Ihnen und Sie haben ihm dieses Zeug zu lesen gegeben, so lange, bis er ganz durcheinander war.
Karl ist weder künstlich, noch ist die Maschine seine Mutter. Seine Mutter ist Anna und ich bin sein Vater. Und seine leiblichen Eltern kennt er auch. Karl ist ein ganz normaler Mensch. Das ist alles, was ich dazu sagen kann.

Franziska schaltet das Gerät aus. Sie hat einen schalen Geschmack im Mund. Was Dietrich Meiberg in diesem Gespräch noch nicht über die Lippen brachte, hat für sie seit zwei Monaten einen Namen.
Ende Oktober hatte sie zu Hause eine Notiz von Fabian vorgefunden: »16 Uhr: Bruhns, Anti-Gen, hat angerufen. Melde dich sofort bei ihr.«
Was Franziska bei ihrem Rückruf erfahren hatte, führte dazu,

dass sie sich in dieser Nacht unruhig im Bett wälzte. Ein Satz aus ihrem alten Artikel über das erste IVF-Kind Laura Billow war aufgetaucht und ließ sie nicht schlafen: »Die Fortpflanzungshilfen sind keine Sensation mehr, sondern Alltag, und zwar glücklicher Alltag.« Wie konnte sie nur so dumm sein? Anti-Gen hatte Karls Leihmutter also tatsächlich aufgestöbert.

Ihr fielen in dieser Nacht Dinge ein, die sie und Karl über die erste Welt des Menschen, die neun Monate im Mutterleib, gelesen hatten: »Überdurchschnittlich viele Kinder der ›kalten Mütter‹ sind bei der Geburt apathisch und lethargisch. Der Mutterleib formt die Erwartungen des Kindes. Bietet er eine warme und liebevolle Umgebung, wird das Kind Ähnliches von der Welt draußen erwarten. Ist diese Umgebung jedoch feindlich oder gleichgültig, nimmt das Kind an, dass auch die Welt draußen sich wenig gastfreundlich zeigen wird. Es wird zu Argwohn, Misstrauen und Introvertiertheit neigen und sich schwer tun, Kontakte zu knüpfen.«

Noch nie hatte jemand eine kältere Mutter gehabt als er, der Kalte Karl.

Als Franziska an dem Kapitel High-Tech-Schöpfung weiterschreibt, ergreift dieselbe Anspannung von ihr Besitz wie an jenem Morgen, als sie auf dem Weg zu Anti-Gen war und sich in Gedanken auf die Konfrontation mit Karls Leihmutter vorbereitete.

***

Die Suche (Teil 3, Forts.): High-Tech-Schöpfung

Karls Leihmutter hieß nicht etwa Ursula, Johanna, Doris, Katharina oder Susanne, sondern 1KG/AU. In der privaten Datenbank von Professor Rüdiger Wald hatte der Hacker keinen

Namen, sondern Formeln und Kürzel gefunden. Die ersten beiden Buchstaben standen für »Künstliche Gebärmutter«, AU dagegen für den englischen Fachausdruck »Artificial Uterus«.

Als Karl Meiberg seine Leihmutter suchte, suchte er eine Frau. Doch die Suche führte ihn und mich, die Journalistin, nicht zu einem Menschen, sondern zu einer Maschine. Deshalb lagen der Akte auch keine Fotos bei, sondern Konstruktionszeichnungen der wichtigsten Teile und ihrer Verbindungen. Das sind der Plastikbauch, auch Brutbehälter oder *Artificial Womb* genannt, der in einem Gestell hängt. In dem runden durchsichtigen Brutplatz liegt rechts die Einnistungsplatte, die Nahtstelle zur künstlichen Plazenta. Diese ist an eine Nieren-Herz-Lungen-Maschine gekoppelt. Alles wird von einer Computereinheit mit den vielfältigsten Kontroll- und Reizprogrammen gesteuert und bewegt.

Karls High-Tech-Mutter trägt den Namen 1KG/AU. Sie war die erste Maschine, in der die vollständige Aufzucht eines Menschen außerhalb des Mutterleibs gelang. Karl Meiberg verdankte seine Existenz also der ersten erfolgreichen Ektogenese, wie Fortpflanzungsbiologen es nennen. Doch als der Junge 1999 auf so ungewöhnliche Weise entstand, trug auch er statt eines Namens eine Nummer. In dem stichwortartigen Bericht VI des Forschungsprojektes »Einnistung« steht:

Versuchsreihe 2/1999:

Keimzellenspenden Y62097 und X87098 aufgetaut, In-vitro-Befruchtung am 5. Februar 1999, bei allen sechs Eizellen erfolgreich. Den Embryonen 1–6 wird im Achtzell-Stadium je eine Zelle entnommen. Erstellung des genetischen Fingerabdrucks und Untersuchung auf Chromosomenschäden. Bei Embryo 1–6 ohne Befund.

Entwicklung in Nährlösung und Brutschrank normal, fünfter Tag regelmäßige Blastozyste bei 1 bis 5, bei Nummer 6 Unregelmäßigkeiten.

Einnistungsversuche am 11. Februar 1999
Einführung der Embryonen 1–6 in den Brutbehälter, Lagerung auf dem gezüchteten Gebärmuttergewebe, das hormonell optimal vorbereitet wurde.
Drei Tage lang leichtes Anwachsen der Nummern 1 und 2, dann Abstoßung. Embryo 6 keine Einnistung.
Embryo 4 und 5 gute Verbindung und weitere Zellvermehrung.
Danach Stopp der Entwicklung bei Embryo 5.
Zehn Tage nach IVF Exitus von Nummer 1, 2, 3, 5 und 6.
Bei Embryo 4 Ausbildung der Zotten am 16. Tag. Daraufhin Verbindung zur Membran der künstlichen Plazenta hergestellt. Erstmals messbare Aufnahme von Blutserum (Blutgruppe der Keimzellenspenderin X87098) durch den Embryo.
Totale Abdunklung von 1KG/AU; Aufnahmen nur mit Ultraschall und Infrarot, um Entwicklung nicht zu gefährden. Anschluss der künstlichen Plazenta an Nieren-Herz-Lungen-Maschine.
Bei Embryo 4 bilden sich auch die ersten Blutgefäße zwischen dem 13. und 15. Tag. Herzentwicklung, Ausbildung von Nabelstrangvene und -arterie normal. Alle weiteren Entwicklungen ebenfalls normal.
Fruchtwasserhülle dehnt sich aus, Druckverhältnisse stabil.
Ab der 3. Woche Anlaufen der Bewegungsprogramme für Brutbehälter auf Stufe 1 und 2, Stimmen und Herztonprogramme eingeschaltet.
Bis zum 3. Monat keine besonderen Vorkommnisse, embryonale Entwicklung verläuft ohne messbare und erkennbare Störungen.

Im 4. Monat beginnt eine besonders kritische Phase für 1 KG/AU: Aber das Chorion verwächst vollständig und damit erfolgreich mit der Gebärmutter-Gewebeschicht, die als Bindeglied des Embryos zur künstlichen Plazenta fungiert. Sauerstoffaustausch und Nahrungsstoffaufnahme optimal. Weitere Entwicklung ohne Befund.
Geburt durch Schnittöffnung der Bruthöhle am 15. November 1999. Gesundheitsuntersuchung von Embryo 4 zufrieden stellend.

Weiteres Vorgehen
Freigabe zur Adoption von Embryo 4. Sondergenehmigung SGR 1999 empfohlen von der Klinik und akzeptiert von Bevölkerungsministerium, um die weitere Beobachtung zu erleichtern und abzusichern. Keine Auskunft gegenüber Adoptiveltern ist erlaubt. Um Nachforschungen zu erschweren, wird als Geburtsdatum offiziell der 5. Februar 1999 angegeben.
Die weitere Betreuung übernimmt Kinderarzt Dr. Fritz Jetter, der den Eltern empfohlen und von ihnen bereits akzeptiert wurde. Jetter soll gegebenenfalls spätere Auffälligkeiten melden.
Sorgfältigste Auswertung aller Aufnahmen und Computerdaten der ersten Ektogenese, die weiterhin unter Geheimstufe 5 fällt. Für das Forschungsprojekt »Einnistung« stellen das Ministerium für Bevölkerungspolitik und das Umweltministerium weitere Geldsummen zur Verfügung, wenn zwei Bedingungen erfüllt werden:
1) Keine neuen Versuche, die zu einer Ektogenese führen. Der weitere Einsatz von 1KG/AU bleibt zunächst auf die Versorgung von Fehl- und Frühgeburten beschränkt. Als offizielle Bezeichnung wird Brutkasten 2000 empfohlen. Auswertung aller Daten auch hier, um die Einnistungsraten und Aufzuchtraten

später verbessern zu können und die Funktion der künstlichen Plazenta zu optimieren.
Die Eingangsformel lautet: Anwendungsstopp, aber kein Forschungsstopp.
2) Keine Veröffentlichung über die gelungene Ektogenese ist erlaubt, weder in nationalen noch in internationalen Fachzeitschriften, noch auf Kongressen, da zu große politische Widerstände befürchtet werden, die das Gesamtprojekt gefährden könnten. Die Anmeldung zum Geheimpatent wird Anfang 2000 angestrebt, um bei einer möglichen weltweiten Verwertung von 1 KG/AU abgesichert zu sein.

Unterzeichnet hatte diesen Bericht Professor Rüdiger Wald. Er war in zweifacher Hinsicht ein erfolgreicher Mann. Karl Meiberg lebte, 1 KG/AU hatte also tatsächlich gut gearbeitet. Doch nicht nur diese Maschine hatte funktioniert, auch die Maschinerie, die alles geheim halten konnte. Die kälteste Mutter der Welt war ein Geheimnis geblieben, bis heute.

***

Auch jetzt kann Franziska noch den Schrecken fühlen, der sie damals durchzuckt hat. Wie gelähmt war sie dagesessen, nachdem Dagmar Bruhns ihr die Unterlagen übergeben hatte. Und das wirklich nur wegen Karl? War sie nicht auch deshalb verblüfft und erschrocken gewesen, weil weder Anti-Gen noch sie auch nur eine Ahnung gehabt hatten? Dabei hatte sie sich doch immer so viel auf ihr Informiertsein eingebildet.
»Kann ich eine Weile allein sein? Nur für eine halbe Stunde?« Dagmar Bruhns hatte ihr den Arm um die Schulter gelegt und sie in ein leeres Büro geführt. »Der Kollege ist heute unterwegs«, hatte sie gesagt. »Lass dir Zeit. Und hier ist auch eine

Couch. Ruh dich ein wenig aus, wenn du willst. Ich bin drüben in meinem Büro.«
Nachdem sie die Akten nochmals in Ruhe durchgelesen hatte, streckte sich Franziska auf der Couch aus, schloss die Augen und fragte sich: »Was soll ich nur tun?«
Sie fasste sehr schnell einen Entschluss: Sie musste mit Wald reden. Ihn wollte sie zur Rechenschaft ziehen. Er sollte ihr alles erklären und ihr Rede und Antwort stehen, denn die Unterlagen hatte sie nun. Er konnte ihr nicht mehr ausweichen. Jetzt war Schluss mit der Heimlichtuerei.
Wenn sie alles verstand, würde Karl es vielleicht auch verstehen. Sie wollte ihm dabei helfen. Nur daran dachte sie im Augenblick und nicht an einen möglichen Enthüllungsartikel.
Franziska ging zurück in Dagmars Büro und erzählte ihr von ihrem Plan. Die Anti-Gen-Frau war einverstanden und wollte sofort wissen, ob Franziska einen Artikel plane.
»Vorerst nicht, es ist nicht wichtig. Ich will erst mit Wald und dann mit Karl sprechen. Es geht schließlich um ihn. Alles andere kann warten. Meinst du, wir müssen Karl alles sagen?«
Die Biologin nickte. »Wir sind schon so weit gegangen, wir können jetzt doch nicht mehr zurück. Und Karl hat ein Recht darauf. Außerdem habe ich ihm mein Versprechen gegeben, nichts zu verschweigen. Du wirst ihm das schon richtig beibringen. Und dass du zuerst mit Wald sprichst, finde ich eine gute Idee.«
Franziska rief den Mediziner gleich vom Anti-Gen-Büro aus an. Sie wollte keine Zeit verlieren. Und wenn er sich weigert?, dachte sie, während sie seine Nummer wählte.
Doch nicht er, seine Privatsekretärin war am Apparat. Franziska stellte sich als WOCHE-Mitarbeiterin vor und bat um einen Interviewtermin.
»Der Herr Professor ist bis zum 25. November verreist«, bedauerte seine Sekretärin, »aber danach können wir gern einen

Termin festmachen. Passt Ihnen der 28. November, gegen 10 Uhr?«

»Das passt. Sagen Sie Professor Wald, er soll sich Zeit für mich nehmen. Unser Gespräch wird sicher länger dauern.«

»Um was geht es denn genau? Soll ich ihm etwas ausrichten?«

»Sagen Sie ihm nur, es geht um 1 KG/AU, geboren 1999. Dann weiß er Bescheid.«

»Was war das bitte? Können Sie mir das buchstabieren?«

Nach dem Telefonat überlegte sie, ob es vielleicht falsch gewesen war, so offen zu sein. Wenn er nun den Gesprächstermin absagte? Diese Befürchtung, so sollte sich am 28. November herausstellen, war unbegründet. Sie hatte Wald falsch eingeschätzt.

»Vollkommen lächerlich, meine blöde Angst!« Franziska lacht bei dieser Erinnerung bitter auf.

Vor der Unterredung mit Wald war sie Karl ausgewichen. Sie hielt sich kaum zu Hause auf und arbeitete nur noch in der Redaktion. Den Chefredakteur hatte sie vage informiert, ihn nur davon in Kenntnis gesetzt, dass sie einer »heißen Geschichte« auf der Spur sei. Sie brauchte seine Rückendeckung für das Interview mit Rüdiger Wald, falls dieser einen Kontrollanruf loslassen sollte.

Karl hatte bereits gemerkt, dass sie ihm etwas verheimlichte. Anfang November hatte er sie einmal gefragt: »Wie sieht's aus? Feiern wir meinen echten Geburtstag mit einer tollen Party?« Sie hatte ihm, mühsam beherrscht, irgendeine lockere Antwort gegeben.

Karl hatte den 15. November nicht gefeiert und auch seine Adoptiveltern gebeten, nichts »Festliches« zu veranstalten. Sarah schenkte ihm aber ein neues Tagebuch und sie selbst rief ihn an, um zu gratulieren. Jetzt war er wirklich siebzehn.

»Deine Stimme klingt irgendwie komisch. Verschweigst du mir etwas?« Karl fragte sie ganz direkt, er war misstrauisch geworden.
Von Fabian hatte sie kurz zuvor erfahren, dass Karl mit ihm nach Hause gekommen war. Er habe sein Tagebuch liegen lassen, hatte er gesagt und sich unter diesem Vorwand in ihr Arbeitszimmer geschlichen. Einige Dinge in ihrem Schreibtisch hatten danach nicht mehr auf dem alten Platz gelegen. Karl hatte wohl die Schubladen und Regale durchsucht, aber nichts gefunden. Zum Glück hatte sie rechtzeitig alles neue Material über Wald in das Redaktionsbüro gebracht, wo sie sich auf das Gespräch mit dem Professor vorbereitete.
Sie studierte dort nochmals das Dossier über ihn und alle 1 KG/AU-Unterlagen sorgfältig, um ihre Fragen auszuarbeiten. Außerdem durchforstete sie das gesamte Archiv-Material. Sie wollte genau wissen, seit wann diese »Künstliche Gebärmutter« in den Köpfen der Menschen herumgespukt und schließlich Gestalt angenommen hatte.
Was sie damals vor ihrem Gespräch mit Professor Wald zusammengetragen hat, kann sie heute bestens gebrauchen. Auf Franziskas Gesicht bilden sich hektische rote Flecken. Das passiert immer, wenn sie sich aufregt. Beweise wird sie ihnen liefern, dass es tatsächlich alle wissen konnten. Keiner soll mehr sagen können, er habe nichts gewusst.
Der Informationskasten zu ihrem Artikel, den sie jetzt vorbereitet, wird die Überschrift tragen: »Ein (Alp-)Traum wird wahr – der Retortenmensch«. Und anfangen wird sie diesen Kasten mit dem alten Johann Wolfgang Goethe. Schon vor ungefähr zweihundert Jahren gewährte der Dichter in seinem Stück Faust, das er in weiser Voraussicht eine Tragödie nannte, Einblicke in ein ganz besonderes Laboratorium.

Wagner: Ein herrliches Werk ist gleich zustand gebracht.
Mephistopheles: Was gibt es denn?
Wagner: Es wird ein Mensch gemacht.
Mephistopheles: Ein Mensch?
Und welch verliebtes Paar habt Ihr ins Rauchloch eingeschlossen?
Wagner: Behüte Gott! Wie sonst das Zeugen Mode war,
Erklären wir für eitel Possen …
Wenn sich das Tier noch weiter dran ergötzt,
So muss der Mensch mit seinen großen Gaben
doch künftig reinern, höhern Ursprung haben.
(Zum Herd gewendet)
Es leuchtet! Seht! – Nun lässt sich wirklich hoffen,
Dass, wenn wir aus vielen hundert Stoffen
Durch Mischung – denn auf Mischung kommt es an –
Den Menschenstoff gemächlich komponieren,
In einem Kolben verlutieren …
Ein großer Vorsatz scheint im Anfang toll;
doch wollen wir des Zufalls künftig lachen,
Und so ein Hirn, das trefflich denken soll,
Wird künftig auch ein Denker machen.
(Entzückt die Phiole betrachtend)
Das Glas erklingt von lieblicher Gewalt.
Es trübt, es klärt sich; also muss es werden!
Ich seh in zierlicher Gestalt
Ein artig Männlein sich gebärden.
Was wollen wir, was will die Welt nun mehr? …
Homunculus (in der Phiole zu Wagner):
Nun, Väterchen! Wie steht's? Es war kein Scherz!
Komm, drücke mich zärtlich an dein Herz!
Doch nicht zu fest, damit das Glas nicht springe …

Auch Walds Name beginnt mit einem W, wie Wagner. Und Franziska glaubt nicht an Zufälle.

Sie kramt ungeduldig in einem Papierstapel. Ihr bleiben nur noch zwei Tage Zeit, um Karls Geschichte fertig zu stellen. Endlich findet sie den gesuchten Artikel aus dem Jahre 1988, der

sich noch einmal kritisch mit dem Begriff »Retortenbaby« auseinander setzte.
Damals hatte sich die Öffentlichkeit an dem eindeutig negativen Klang dieses Wortes gestört. Genau wie die »Retortenstadt« zum »Inbegriff der Seelenlosigkeit moderner Architektur« geworden war, stand das Wort »Retortenbaby« für das eiskalte Geschäft mit der neuen Reproduktionsmedizin.
Die Sprachforscher hatten zudem vor dem unüberlegten massenhaften Gebrauch des Begriffs »Retorte« gewarnt: »Das kann zu einer Minderung des kritischen Gehalts führen, der in diesen Ausdrücken auch liegt, und das könnte die Sprachgemeinschaft vielleicht sogar unempfindlich machen gegen die Erfüllung eines noch (!) geheimen Traums mancher Forscher: einen Menschen ganz außerhalb des Mutterleibs heranzuzüchten, einen echten Homunkulus zu erzeugen, der dann wirklich ein Retortenmensch wäre«, liest Franziska.
Damals betrug der Zeitraum, in dem ein ungeborenes Leben auf den Mutterschoß angewiesen war, noch 22 Wochen. Im Jahre 1999, nur elf Jahre später, war er auf null geschrumpft. Das ist Fortschritt, denkt Franziska, wir sind so weit gekommen, dass der verbannte Begriff »Retortenbaby« wieder gilt. Sie könnte vor Wut losheulen, während sie das Material für ihren Kasten weiter auswählt und nach Jahreszahlen sortiert.

1961:
In die Schlagzeilen der Presse geriet der italienische Frauenarzt Professor D. P. Er hatte behauptet, eine weibliche Eizelle außerhalb des Mutterleibs befruchtet und den Embryo 29 Tage in einem Glas ernährt zu haben. Aus moralischen Bedenken habe er das Experiment aber abgebrochen, erklärte er unserem Korrespondenten: »Ich hatte Angst, dass sich die Frucht zu einem Monster entwickelt.«

Den Beweis für seine unvorstellbare Behauptung blieb der Arzt jedoch schuldig.

1978:
Offensichtlich laufen alle Entwicklungslinien auf einen imaginären Fluchtpunkt zu – jene Vision vom künstlichen Menschen, die als Wunsch- oder Alptraum durch die Köpfe der Naturphilosophen, Alchimisten und Dichter spukt. Und in der Tat ist das von den britischen Fortpflanzungsexperten entwickelte Verfahren der außerkörperlichen Befruchtung (In-vitro-Fertilisation) ein ganz entscheidender Schritt in Richtung Homunkulus: Zeugung und Anfang der Schwangerschaft fänden dann vollständig außerhalb des Körpers statt, könnten also direkt beobachtet und überwacht, aber ebenso sicher eines Tages gesteuert und manipuliert werden. Prototypen von künstlichen Gebärmüttern wurden sowohl im Tierversuch als auch bei Experimenten mit menschlichen Embryonen schon erprobt.
Embryonen, die Kliniker bei legalen Abtreibungen aus dem Uterus von Schwangeren entfernt hatten, konnten in den Stahl- und Glasapparaturen bereits einige Tage »am Leben« gehalten werden.

1981:
Ein italienischer Arzt in Bologna behauptet: »Ich habe einen Apparat entwickelt, in dem ein Fötus außerhalb des Mutterleibs zu einem lebensfähigen Baby heranwächst.« Einer Kommission der italienischen Ärztevereinigung verwehrte er jedoch den Zutritt zu den Forschungsräumen.

1984:
Der entscheidende Schritt auf dem Weg zu einer künstlichen Gebärmutter scheint geglückt. Einem Forscher ist es gelungen,

Mäuse nach einer Befruchtung im Reagenzglas in einer Art Gebärmaschine heranzuzüchten. 19 der durchschnittlich 21 Tage dauernden Tragezeit haben sich die Mäuse außerhalb des Mutterleibs normal entwickelt.

1985:
Derzeit arbeiten sowjetische und australische Forschergruppen an der Entwicklung einer künstlichen Plazenta (Mutterkuchen). Sie sollen diese Technik bereits so weit entwickelt haben, dass ihre Retortenbabys in der künstlichen Gebärmutter bereits sechs Monate überleben können. Fotos sind noch nicht vorgelegt worden und auch Interviews wurden verweigert. Ist alles nur ein Gerücht?

1989:
In der Fernsehsendung »Menschenmacher« hat Professor Rüdiger Wald die These aufgestellt, die Ektogenese sei nur noch ein technisches Problem. Der Vorsitzende der Deutschen Gesellschaft für Fortpflanzungsmedizin, Hans Schmidt, widersprach seinem Kollegen in einer Presseerklärung auf das Entschiedenste. Solche Behauptungen würden die öffentliche Diskussion unnötig aufheizen.

1991:
Die Ektogenese ist und bleibt eine (Horror-)Vision. Auf absehbare Zeit, und sicher nicht mehr in diesem Jahrtausend, lässt sich die komplizierte Umwelt des Mutterleibs nicht künstlich herstellen. Damit die Gene ihr Entwicklungsprogramm entfalten können, benötigt die Leibesfrucht die biochemischen Signale der natürlichen Umgebung – des Mutterleibs. Jeder anhaltende Mangel und jedes künstliche Überangebot an Signalen führt zu Fehlentwicklungen und damit

zum Tod des Kindes. Deshalb ist eine menschliche Weiterentwicklung in einer so genannten künstlichen Gebärmutter ausgeschlossen, auch wenn dies Experten und Gegner der modernen Fortpflanzungsmedizin immer wieder behaupten.

1993:
In Chicago findet vom 12. bis 17. Oktober der internationale Kongress »Compartment Uterus« statt. Im Gegensatz zu früheren Veranstaltungen sind dieses Mal weder die Presse noch Vertreter des politischen und öffentlichen Lebens eingeladen. Die Proteste vor dem Kongressgebäude halten sich in Grenzen. Nur etwa 100 Mitglieder der internationalen Organisation Anti-Gen demonstrierten vor dem Haupteingang. Ihr Slogan: »Für die Öffentlichkeit aller Forschung«. Die kleine Demonstration verlief friedlich, Polizei schritt nicht ein.

Schon als Franziska das Material zum ersten Mal gesichtet hatte, war ihr aufgefallen, dass bis zur Mitte der achtziger Jahre die Diskussionen sehr heftig verlaufen waren. In den Zeitungen und im Fernsehen wurde breit berichtet. Dann versiegte das Interesse. Nach den Jahren 1988/89 brachten die Meldungen kaum etwas Neues zu dem Thema, und nach 1990 flossen die Informationen immer spärlicher, bis sie ab 1993 ganz versiegten. Professor Wald sollte wissen, warum.
Franziska spürt Tränen in den Augen. Was ist nur los mit ihr? Sie muss sich zusammennehmen und weiterarbeiten. Sie darf nicht weinen wie damals, als ihr klar wurde, dass sie es sein wird, die Karl sagen muss: »Du bist der erste wirkliche Retortenmensch.«
Nun ist Karl vor diesem Fortschritt geflohen. Und dieser Fortschritt ist wahrlich nicht auf leisen Sohlen gekommen.
Noch ein paar Katastrophen gefällig? Franziska überfliegt eine

Seite mit Schlagzeilen, die sie aus Zeitungen und Zeitschriften bis zum Jahr 1999 zusammengestellt hat. Vor dem großen Fortschritt wurde gewarnt, nur hatte es niemand ernst genommen:

Reproduktionsmedizin in der Grauzone
Wohin fliegt der Klapperstorch?
Biotopia
Fortpflanzungstourismus soll es nicht geben
Von Menschenzüchtung triebhaft fasziniert
Laborkinder – verkauft, verpflanzt, vervielfältigt
Mutter-Maschine
Der Mensch nach Maß – Menschenwürde in Gefahr
Die »künstlichen« Kinder und ihre unbekannten Verwandten

Franziska zerknüllt den Zettel mit ihren Notizen und wirft ihn wütend in die Ecke. Karl hat einfach Pech gehabt, dass sie gerade nach seinem Leben gegriffen haben. So wurde er zum Golem des 21. Jahrhunderts. Diese Formulierung, die sie sogar schon als Überschrift für ihren Artikel in Erwägung gezogen hatte, ist ihr zuwider. Doch sie kann sie nicht aus ihrem Kopf verbannen. Dem Wort Golem ist sie in zu vielen Texten immer wieder begegnet und sie hat es schließlich in einem Wörterbuch nachgeschlagen.
Golem kommt aus dem Hebräischen und bedeutet: das Zusammengefaltete, das Unentwickelte, der Fötus. Eine Legende erzählt, dass ein menschenähnliches Gebilde aus Lehm durch das Gebet eines Rabbi oder mit Zaubersprüchen belebt werden könne. Eine kernlose Hülle, ein Golem, ein Spuk.
Heute ersetzen Naturwissenschaft und Technik die Zauberei.
»Aber Karl ist weder ein Golem noch ein Spuk, verdammt noch mal. Er ist mein Freund, er braucht Hilfe.«

Seit sie weiß, dass Karl in der künstlichen Gebärmutter, in dieser Maschine, herangewachsen ist, ertappt sie sich immer wieder dabei, wie sie in ihren Erinnerungen nach möglichen monströsen Anteilen an ihm sucht. »Kalter Karl, Maschinen-Karl, Homunkulus der Jetztzeit«, schwirrt es ihr durch den Kopf.
Sie verbietet sich solche Gedanken. Denn sie kennt ihn doch so gut und weiß nur zu genau, dass er weder ein Monster noch eine Maschine ist. Er ist ein Mensch.
Vielleicht ist Karl weggegangen, weil er Angst hatte, dass es selbst Sarah, Anna und Dietrich so gehen würde wie ihr. Alle würden ihn anstarren und nur das Unnatürliche in ihm suchen. Und sie würden es finden, weil sie es finden wollten. Genau wie sie selbst, und dafür schämt sie sich.
»Karl, bitte verzeih mir, wo immer du auch bist«, flüstert sie. »Nicht du bist das Monster, sondern Wald. Ein gut getarntes Monster in Gestalt eines Menschenfreundes. Morgen werde ich alles über meinen Besuch bei ihm aufschreiben. Heute kann ich nicht mehr. Es war alles etwas viel, auch für mich.«

***

Die Suche (Teil 3, Forts.): High-Tech-Schöpfung

Der Weg zur Tür des Anwesens Lothringer Straße 27 führte durch einen gepflegten Vorgarten. Die zahlreichen Rosenbüsche waren sorgfältig gestutzt, gegen die Winterkälte mit Erde angehäufelt und von welken braunen Blättern bedeckt.
Der 28. November war ein trüber Tag, die feuchte Kälte kroch unter die Haut. Trotzdem war ich zu Fuß gekommen. Pünktlich um zehn Uhr stand ich vor dem Haus wie vor einem unbekannten Feind, den man nicht aufschrecken und aus seinem Hinter-

halt locken will. Mit klammen Fingern klingelte ich, eine Frau öffnete die Tür.
»Sie sind sicher Frau Dehmel. Der Herr Professor erwartet Sie in seinem Arbeitszimmer.«
Er ist also zu Hause. Er ist mir nicht ausgewichen, dachte ich erleichtert, als mich die Sekretärin in sein Arbeitszimmer führte.
Ein Mann erhob sich aus seinem Ohrensessel, um mich zu begrüßen. Das Aufstehen fiel ihm schwer. Professor Rüdiger Wald streckte mir seine Hand entgegen: »Ich habe Sie erwartet, Frau Dehmel.« Ein kleines überhebliches Lächeln umspielte seinen Mund.
Ich nahm in dem Sessel gegenüber Platz, schaltete mein Tonband an und legte mir meinen Schreibblock mit den Fragen zurecht. Ein gespanntes Schweigen lag in der Luft, nur unterbrochen durch belanglose Sätze über das triste Nebelwetter.
»Sie wissen, warum ich um dieses Gespräch gebeten habe?«, fragte ich ihn endlich.
»Natürlich, Sie haben es meiner Sekretärin ja am Telefon durchgegeben, wegen 1 KG/AU 1999.«
Seine direkte Art zu antworten verblüffte mich. Ich wollte wissen, ob ihn mein Anruf und diese Bitte denn nicht überrascht hätten.
Wald antwortete mit einem knappen Nein und schwieg wieder. Er ließ mich auflaufen, wollte sich jedes Wort einzeln aus der Nase ziehen lassen, mich verunsichern. Ich nahm mich zusammen, spielte das Spiel mit und lächelte ebenfalls ironisch.
»Darf ich wissen, warum Sie nicht überrascht waren? Denn das überrascht nun wiederum mich, Herr Professor.«
»Sie überschätzen sich und unterschätzen mich. Seit der Antrag im Februar an das Bürgerzentrum ging, die Akten zur Sondergenehmigung 1999, Bürgercode 086750 herauszugeben, und ein

Journalist dort anrief, habe ich alles verfolgt. Ich habe damit gerechnet, dass irgendwann jemand hier auftauchen würde. Zufällig sind es nun Sie. Meinen Sie wirklich, ich und meine Auftraggeber wären nicht auf der Hut gewesen? Und wenn wir es nicht gewollt hätten, wären Sie weder an die Akten noch an meine Privatdatenbank herangekommen.«

»Woher wissen Sie das?« Nun war ich wirklich überrascht.

»Nicht nur Anti-Gen hat U-Boote in den Labors, wir haben auch unsere Leute bei Anti-Gen.«

Während ich mir noch überlegte, warum er unsere Suche nicht gestoppt hatte, sagte Wald: »Die Zeit ist reif für 1 KG/AU, endlich reif.« Er sah mich triumphierend an, während er an seinem kleinen Hörgerät drehte, um es besser einzustellen. Er sprach sofort weiter, scheinbar froh, endlich nicht mehr den Mund halten zu müssen.

»Wissen Sie, alles kommt immer schneller als erwartet. Ich möchte Ihnen ein Beispiel geben. In den sechziger Jahren sagte eine Expertenrunde voraus, dass frühestens 1990 eine Kältekonservierung und Lagerung menschlicher Keimzellen möglich wären. Eine erste erfolgreiche außerkörperliche Befruchtung mit Embryotransfer beim Menschen und die Geburt eines gesunden Kindes erwartete die Fachwelt ebenfalls um die gleiche Zeit. Aber schon 1978 gelang es zum ersten Mal. Zwölf Jahre früher als erwartet.«

»Und Sie haben schon um das Jahr 1988 und 1989 behauptet, die vollständige Aufzucht eines Menschen außerhalb des Mutterleibs sei nur ein technisches Problem. Und nur zehn Jahre später hatten Sie das Problem gelöst.«

Der alte Herr hob seine Stimme. »Ich habe schon viel, sehr viel früher gesagt, dass die Ektogenese möglich ist. Schon als ich mich mit der IVF zu beschäftigen begann, habe ich das gesagt. Und das war Mitte der siebziger Jahre. Aber erst 1988 habe ich mit dieser Prognose Aufsehen erregt. Die Kollegen lachten laut über mich und ich stand im Kreuzfeuer der öffentlichen Kritik. Verbieten wollte man alles. Aber die Ektogenese ist gelungen, noch vor dem Jahr 2000.« In der Stimme des alten Mannes schwang unverhüllter Stolz. »Damit hatte auch ich nicht gerechnet. Ich hatte mir Zeit bis zum Jahr 2010 gegeben, bis zu meiner Pensionierung. Dass es schon 1999 klappte, vor der Jahrtausendwende, darauf bin ich wirklich stolz. Es ist mein Lebenswerk.«

Wie schwer musste es dann für ihn gewesen sein, diesen Triumph über alle, die ihn verlacht hatten, nur im Stillen zu genießen. Als ich ihn danach fragte, nickte er.

»Leicht ist es mir nicht gefallen, das können Sie mir glauben. Doch es musste sein. Wie viele meiner Kollegen hatte auch ich durch diese Auseinandersetzungen in den achtziger Jahren dazugelernt. Damals bin ich nach Australien gegangen. Hier in Deutschland hatte ich ja nicht mehr die Freiheit zu forschen. Experimente mit Embryonen wurden verboten, Leihmütter kriminalisiert. Wild gewordene Chaoten versuchten Anschläge auf mein Labor in Mengen. Kennen Sie noch die Gruppe Rote Ronja-IVF-Tochter? Angegriffen wurden wir, die Fortpflanzungsmediziner, weil wir angeblich dem lieben Gott ins Handwerk pfuschten. Menschenzucht wurde uns unterstellt. Lächerlich. Ich züchte höchstens meine Rosen.«

Wald verstand sich nur als Helfer. Mit der IVF hatte er zerstörte Eileiter umgangen und die künstliche Gebärmutter ersetzte nun kranke oder gebärunfähige Frauenkörper. Das war im Prinzip nichts Neues, nur ein Schritt weiter. Nichts zum Aufregen. »Für mich ist 1KG/AU nur eine logische Folge aller menschlichen Eingriffe in die menschliche Fortpflanzung.«

Zweifel waren ihm nie gekommen und Größenphantasien seien seine Sache nie gewesen. »Weder meine Kollegen noch ich

pfuschen Gott ins Handwerk. Wir eröffnen nur neue Möglichkeiten. Wir helfen mit unseren Fähigkeiten und unserem Wissen den Menschen, Kinder zu bekommen. Wir züchten niemanden, wir lassen nur werden und leben. Und dieses Werden des Menschen allerdings hat mich schon immer fasziniert.«
Er schilderte mir, wie sie zum ersten Mal in der künstlichen Gebärmutter die Entwicklung von Embryo 4 in allen Details beobachten und filmen konnten. Die erste Ektogenese sei Jahrtausendmaterial, nobelpreiswürdig, behauptete Wald. »Vielleicht reden kommende Generationen vom Ekto-Zeitalter, wie wir früher vom Atomzeitalter geredet haben.«
Mich interessierte sein möglicher Nachruhm nicht, mir ging es um Embryo Nummer 4. »Hat er sich wirklich vollkommen normal entwickelt?«
Der Professor nickte. »Nur gestrampelt hat er sehr oft.«
»Ist das nicht ein Zeichen von Angst?«
»Papperlapapp«, meinte Rüdiger Wald schroff und wechselte das Thema. Er berichtete von einer Meinungsumfrage, die sein IVF-Team 1978 in Auftrag gegeben hatte. Vor fast 30 Jahren schon hätte jeder vierte Erwachsene, und zwar genau 27,1 Prozent der Männer und 21,6 Prozent der Frauen, erklärt, dass er bereit sei, ein Kind in einer künstlichen Gebärmutter heranwachsen zu lassen. Aus dieser Minderheit sei heute sicher eine Mehrheit geworden.
Der Wissenschaftler Wald triumphierte: »Ethik steht nicht still, zum Glück nicht.«
»Und Sie meinen wirklich, heute sei die Zeit reif für 1 KG/AU?«
Er nickte heftig: »Nachdem es nicht gelungen ist, die Leihmutterschaft zu verbieten, also eine Frau als Schwangerschaftsmaschine zu benutzen, können wir diese Leihmutterschaft auf elegante Weise überflüssig machen und trotzdem die Nachfrage

befriedigen: durch die Gebärmaschine. Vorbei ist dann endlich die Zeit, wo wir mit Brutfabriken die Frauen der Dritten Welt ausnützen, um die Bevölkerung der Industrienationen zu erhalten. Dagegen können doch auch Sie nicht sein.«
Mir fehlten wirklich die Worte, um diese Aussage zu widerlegen.
»Könnte 1KG/AU nicht noch ein anderes Problem beheben, mit dem die Menschen sich seit Generationen herumplagen?«
Auf Walds Gesicht machte sich wieder dieses kleine überhebliche Lächeln breit. »Die Gleichstellung von Mann und Frau könnte durch diesen biotechnischen Fortschritt radikaler erreicht werden als durch alle Gesetze der letzten Jahrhunderte. Wenn wir die Frau von den neun Monaten Schwangerschaft befreien, ist sie dem Mann endlich ebenbürtig. Alle durch die weibliche Biologie entstandenen Benachteiligungen fallen weg, zum Beispiel im Beruf. Und jedes Paar kann selbst und das erste Mal wirklich vollkommen frei entscheiden, wann sie ein Kind wollen und wie sie sich die Aufzucht nach der Geburt teilen. Alle Argumente, die Frauen zur Mutterschaft verpflichten wollen und diese naturgegebene biologische Berufung der Frau beschwören, sind damit wirklich von gestern.«
Wald ging sogar noch einen Schritt weiter.
»Viele Frauen wollen ein Kind. Aber viele würden trotzdem gerne auf die neun Monate Tragearbeit verzichten. Manchen mag es Spaß und Freude bringen, ein Kind auszutragen. Aber für viele ist es eine Last oder gesundheitlich ein zu großes Risiko. Und manche Frauen wollen auch ihre Figur schonen oder erst gar nicht aufs Spiel setzen, wenn das Aussehen für ihr berufliches Fortkommen wichtig ist oder zum Beruf gehört, bei einer Schauspielerin zum Beispiel.«
Vergessen dürfe man auch nicht all die Möglichkeiten, fügte er noch hinzu, die sich durch die künstliche Gebärmutter für vor-

geburtliche Operationen und andere Eingriffe an Embryo und Fötus eröffneten.
Als letzten guten und »allerwichtigsten« Grund für 1KG/AU nannte der alte Herr natürlich die steigende Unfruchtbarkeit durch Umweltgifte. Er berichtete von den hunderten von Frühgeburten, die seit 1999 dank der künstlichen Gebärmutter überlebt haben, die man nur Brutkasten 2000 genannt hatte. Er erwähnte die unverseuchten Keimzellen, die tiefgefroren bereitlägen und nur darauf warteten, in 1KG/AU zu gesunden Kindern heranzuwachsen. Die Liste der Adoptionswilligen werde immer länger und deshalb habe die Arbeitsgruppe für Fortpflanzungsvorsorge im Ministerium für Bevölkerungspolitik schon entsprechende Pläne in Arbeit.
»1KG/AU wird die gesunde, kontrollierte weitere Vermehrung der Deutschen sichern müssen.« Wald betonte, dass im Rahmen dieser Entwicklung Karl Meibergs und meine Suche niemanden gestört habe, im Gegenteil. Er lächelte nun fast gemein. »Sie beide tauchten gerade zur rechten Zeit auf. Und wenn Sie seine Geschichte veröffentlichen wollen, erweisen Sie uns einen Gefallen. Sie machen 1KG/AU nicht nur bekannt, sie stellen auch das gesunde Produkt vor. Ich garantiere Ihnen schon jetzt, wir werden uns vor Anfragen nicht retten können.«
Wald hatte mein Dilemma erkannt: Was immer ich schreiben würde, eine bessere Werbung für ihn gab es nicht. Und dann beschrieb sich der Mediziner als wahrer Menschenfreund, wobei er mit seinen gepflegten Händen jedes Wort unterstrich. Er hätte diesem Jungen den Rummel wirklich lieber ersparen wollen, der hundertmal größer sein werde als beim ersten IVF-Kind. Wenn Karl Meiberg und ich und Anti-Gen nun freiwillig an die Öffentlichkeit gehen wollten, sei das allein unsere Sache. Dafür übernehme er aber keine Verantwortung.
Ich wurde wütend. »Wenn es nur gute Gründe für 1KG/AU

gibt, nur Vorteile, warum haben Sie dann die Öffentlichkeit nicht informiert?«

Er erklärte, das sei im Jahre 1999 eine rein politische und taktische Entscheidung gewesen. Daher hätten sich auch weltweit die Wissenschaftler, die auf dem Gebiet der Ektogenese forschten, schon früh zu einem Veröffentlichungsstopp entschlossen.

Ich erinnerte mich an eine Zeitungsmeldung und fragte nach, ob das nicht 1993 auf einem Kongress in Chicago geschehen sei.

»Richtig«, bestätigte er, »da wurde es ganz offiziell beschlossen. Aber schon vorher hatten wir erkannt, dass es falsch sein kann, immer sofort und alles zu publizieren. Wir hätten uns in die öffentliche Schusslinie begeben. Uns wären Mittel gekürzt worden, Sondergenehmigungen für Experimente mit Embryonen wären nicht mehr erteilt worden. Ich habe damals zu meinen Kollegen gesagt, unsere Zeit wird kommen. Ich sagte es schon einmal: Ethik steht nicht still.«

War sie wirklich gekommen, die Zeit, in der die Mehrheit der Menschen die künstliche Gebärmutter als segensreichen Fortschritt willkommen heißt? Ich hatte meine Zweifel.

»Nimmt diese Maschine den Frauen nicht auch etwas sehr Wesentliches? Ist sie nicht doch der erste Schritt zur Menschenzucht? Macht sie aus Kindern nicht doch Objekte, die in Zukunft in Serie und fehlerfrei hergestellt und ausgeliefert werden?«, warf ich ein.

»Es ist schon immer so gewesen, dass wissenschaftliche Entwicklungen zum Wohle und zum Verderben der Menschheit eingesetzt werden können.« Wald fand solche Einwände mehr als banal. »Aber was Sie auch dagegen sagen, uns bleibt sowieso keine Wahl mehr. Die Umwelt ist vergiftet, und außer der tierischen ist auch die menschliche Fortpflanzungsfähigkeit inzwischen so zerstört, dass nur die künstliche Gebärmutter auf lange Sicht unser Überleben sichert. Übrigens wird die immer beschworene Menschenzucht erst dann möglich, wenn das menschliche Genom vollständig entschlüsselt ist und wenn wir es auch nachbauen können. Doch das Genomprojekt ist noch nicht abgeschlossen, es hat sich schwieriger gestaltet als erwartet.«

Ich ärgerte mich, dass es mir noch nicht gelungen war, den Professor von seinem Thron herunterzuholen. Er dozierte über weltbewegende Probleme und eigentlich ging es um Karl Meiberg. Ihn hatte dieser Mann ins Leben gezwungen, ihn hatte er aus anonymen Keimzellenspenden gezeugt.

Als ich das Wald vorwarf, behauptete er frech, jetzt machte ich mich ganz lächerlich: »Er lebte, als er sich im Frühstadium einnistete. Wir haben ihn am Leben erhalten, nicht ins Leben gezwungen. Das ist besser als abtreiben oder töten. Und er ist als gesunder Junge geboren worden, das allein zählt.«

»Gesund am Leib, aber nicht an der Seele. Wie lebt es sich denn wohl in diesem gläsernen Bauch«, wollte ich wissen, »ohne jede Liebe?«

»Liebe ist ein sehr großes und überstrapaziertes Wort. Wenn alle Kinder, die im Mutterleib nicht die größtmögliche Liebe empfangen, einen Schaden hätten, wären wir ein Volk von Gefühlskrüppeln. Wir haben diesem Embryo Nummer 4 alle nur erdenkliche Fürsorge angedeihen lassen. In der Maschine hatte er die beste und ungefährlichste aller Umgebungen.«

»Benutzt haben Sie dieses Kind, für Ihre Forschungen.«

»Nein, er hat die künstliche Gebärmutter benutzt, um zu werden.«

»Aber Sie haben seine Eltern angelogen und ihm seine Identität genommen.«

»Es war eine Notlüge, im Interesse des Jungen. Ich wollte sicher sein, dass die Eltern ihn ohne Vorurteile aufziehen. Und an ihnen lag es auch, diesem Kind eine Identität zu geben. Hat er keine gefunden, sind seine Adoptiveltern schuld, aber nicht ich. Und wenn der Junge psychisch einen Knacks hat oder bekommt, dann liegt das sicher mehr an Ihnen als an mir. Warum haben Sie an SGR 1999 gerührt? Wohl kaum aus Menschenliebe.«

»Hätte ich geahnt, was sich dahinter verbirgt«, ich wurde laut, »hätte ich vielleicht wirklich nicht daran gerührt.«

Ich erzählte ihm, warum Karl zu mir gekommen war, dass ihn alle den Kalten Karl rufen, dass er sich immer anders gefühlt hatte und nie tiefe Gefühle empfinden und erleben konnte. Und das habe er ihm angetan.

Wald hörte zwar zu, aber er konnte oder wollte nicht begreifen.

»Fragen Sie diesen Karl Meiberg doch einmal, ob er denn lieber gar nicht geboren worden wäre, ob er lieber tot wäre? Ich bin sicher, dass er gern lebt, auch wenn unsere 1KG/AU seine Leihmutter war und ihn alle Kalter Karl nennen.«

Nein, erklärte mir Wald noch, als er mich am Ende unseres Gespräches zur Haustür begleitete, er habe keine Angst vor einer Gegenüberstellung mit Karl. Er werde ihm alle Fragen beantworten, nach bestem Gewissen, wenn der Junge das wolle. Er stand auf seinen Stock gestützt in der Haustür und verabschiedete mich freundlich: »Bald werden wir Frost bekommen, ich spüre es in der Hüfte. Meine Rosen sind aber gut vorbereitet.«

***

Franziska war verwirrt gewesen nach diesem langen Gespräch. Und als sie jetzt ihren Text nochmals durchsieht, empfindet sie fast wieder so etwas wie Respekt vor dem ungebrochenen Selbstbewusstsein des alten Mannes und seiner Offenheit.

Schon damals hatte dieses Gefühl nur kurz angehalten. Sehr schnell sah sie wieder nur Karl vor sich und verachtete Profes-

sor Wald für das, was er gesagt und getan hat. Wie hatte sie ihn nur einen Augenblick lang bewundern können, damals und jetzt wieder? Sprach nicht aus jedem seiner Sätze die Überheblichkeit des Wissenschaftlers, der nur seine Forschung sieht?
Nein, die Menschen hat er nicht ganz vergessen, doch sie sind für ihn Wesen ohne Leib und Seele. Der Herr Professor denkt an die »Menschheit«, die er mit seinem Fortschritt beglücken will, und da zählt *ein* wirklicher Mensch nicht. Wer auf das Ganze, das Große blickt, sieht das Schicksal eines einzelnen Menschen nicht mehr.
Was ist Karls Geschichte, gemessen an solchen Visionen?
Franziska erinnert sich an die Worte, die Karl damals unter Hypnose gesprochen hatte: »Sie starren mich an, viele Gesichter.« Hatte er damit Professor Wald und seine Assistentinnen gemeint, die ihn in diesem durchsichtigen Maschinenleib beobachtet und gefilmt hatten?
Vielleicht hatte sich Karl in den Monaten dieser ersten Kunstwelt Walds Stimme eingeprägt. Der Forscher war schließlich oft genug vor der Maschine 1 KG/AU gestanden und hatte doziert und erklärt. Konnte Karl den alten Mann deshalb nicht zur Rede stellen, als er ihm vor seinem Haus aufgelauert hatte? Hatte diese Stimme eine tief verschüttete Erinnerung in ihm wachgerüttelt?
»Bonding« nennen die Psychologen diesen Vorgang, der ein Neugeborenes davor bewahrt, in eine ihm völlig neue, fremde Umwelt hineingeboren zu werden. Denn das Baby erkennt die Stimme der Mutter wieder, die schon während der Zeit im Mutterleib zu ihm gesprochen hat. Ihre Stimme ist Heimat, Geborgenheit, Liebe. Als Karl sich formte und seine Sinne ausbildete, hörte er meistens Walds Stimme. Aber diese Stimme hatte ihm keine Wärme vermittelt, in ihr schwang Stolz nur über die chemischen und physikalischen Reizprogramme und computerge-

steuerten Verhaltensprogramme, die perfekt abliefen. In Karls erster Welt hatte es keine Liebe gegeben. Die gefühlsmäßige Kommunikation zwischen Mutter und Kind hatte nicht stattgefunden.

Nach dem Gespräch mit Wald hatte Franziska drei Tage lang mit sich gerungen, bevor sie Karl anrufen konnte. Erst nachdem sie alles immer wieder durchdacht und von allen Seiten betrachtet hatte, fühlte sie sich in der Lage, Karl gegenüberzutreten.

»Ich musste ihm die Wahrheit sagen«, wiederholt sie heute zum hundertsten Mal. Es gab keinen anderen Weg. Sie musste diesen letzten Schritt tun, wenn Karl eine Chance haben sollte. Die Chance, die Wirklichkeit zu verarbeiten und anzuerkennen. Nur dann konnte er endlich Ruhe finden und dieses Kapitel seines Lebens abschließen und weitergehen, vorwärts schauen.

Und deshalb hatte sie ihm die Wahrheit sagen müssen, nicht nur, weil sie und Dagmar Bruhns es ihm versprochen hatten. Und deshalb hatte sie am 1. Dezember Karls Telefonnummer gewählt. In seinem Tagebuch sucht und findet Franziska eine Eintragung an diesem folgenschweren Tag.

Karls Tagebuch, 1. Dezember 2016, abends

Franziska hat mich angerufen. Ich soll morgen bei ihr vorbeikommen. Anti-Gen hat die Informationen aus Walds Klinik tatsächlich beschaffen können. Sie haben sie gefunden, die Frau, der ich mein Leben verdanke, meine Leihmutter.

Ich habe zwar bis zwölf Uhr Schule, aber ich gehe gleich nach der ersten Pause, ich schreibe mir selbst eine Entschuldigung.

Ich kann es noch kaum glauben, alle Unterlagen liegen wirklich in ihrem Arbeitszimmer. Da steht alles drin, was du immer wissen

wolltest, hat sie gesagt. Aber sie klang nicht stolz, nicht so, wie man am erfolgreichen Ende einer langen Suche klingt.
Sie verschweigt mir etwas. Aber was?
Ich habe sie noch mal gefragt, ob auch alles in Ordnung ist. Sie hat etwas zu hastig geantwortet, was soll nicht in Ordnung sein. Und sie hat mir versichert, dass ich morgen alles erfahren werde. Ich glaube ihr, sie hat mich noch nie angelogen.
Meine Leihmutter ist endlich greifbar. Nur durch sie kann ich mich endlich finden, mein Selbst, meinen Ursprung.
Meinen genetischen Eltern mache ich schon lange keinen Vorwurf mehr. Ich existierte in ihren Köpfen ja nicht einmal als die Idee eines Kindes. Sie haben nie erfahren, was mit ihren Zellen geschah und dass ich daraus entstanden bin.
Aber sie wird sich erinnern können, und nicht nur an mich. Sie wird wissen, wer sie angeheuert und für die neun Monate Austragearbeit bezahlt hat. Verträge sind damals schließlich üblich gewesen. Sie wird mir sagen, was sie weiß. Denn sie hat mich in sich getragen. Da entwickelt sich doch eine Beziehung, auch wenn es eine Geschäftsbeziehung ist. Es soll auch gute Geschäftsbeziehungen geben.
Ich werde ihr auch keine Vorwürfe machen, dass sie Geld genommen hat. Ich bin doch froh, dass ich lebe.
Wie soll ich sie ansprechen? Liebe Leihmutter – das klingt lächerlich und Mutter passt auch nicht. Tragemutter ist noch blöder. Was sagen andere Kinder zu ihren Leihmüttern? Darüber habe ich noch nie etwas gelesen. Wahrscheinlich ist es am einfachsten, ich verwende den Vornamen und Sie.
Auch Sarah wird sich freuen, dass ich endlich am Ziel bin. Vielleicht nehme ich Sarah zu dem ersten Treffen mit. Falls die Leihmutter weint, wenn sie mich sieht, weil sie mich damals weggeben musste. Sarah kann besser mit so etwas umgehen.
Ich habe mir diese Leihmutter immer schön, aber traurig vorge-

stellt. Und jung. Obwohl, so jung kann sie jetzt nicht mehr sein, nach siebzehn Jahren.
Wie wird sie reagieren, wenn ich ihr nach so langer Zeit gegenüberstehe? Was werde ich fühlen?

Am Vormittag des 2. Dezember hatte Karl vor Franziskas Tür gestanden. Er hatte sehr ernst dreingeschaut und sich wohl genauso fremd und unsicher gefühlt wie beim ersten Besuch. Seine Augen verrieten nichts, aber seine Mundwinkel zuckten nervös.
Bei der Erinnerung daran wird Franziska wieder ganz elend zumute. Sie hätte ihn damals so gern in die Arme genommen und ihm gesagt: »Lass gut sein. Frag nicht weiter. Es ist nicht so wichtig.« Stattdessen hatte sie Tee gekocht und ihn aufgefordert, sich zu ihr auf den Boden zu setzen. Sie konnte ihn nicht direkt und offen ansehen, daher blickte sie an ihm vorbei in den Garten. Die Wintersonne hatte es gerade geschafft, mit den ersten Strahlen den nassen Nebel zu durchdringen.
Heute weiß sie nicht mehr genau, wie sie ihm alles gesagt hat, nur dass sie es getan hat: Sie erzählte ihm schließlich von dem Gespräch mit Dagmar Bruhns, berichtete dann von ihrem Besuch bei Wald und übergab ihm die Tonbandkassette mit dem Interview. Sie erklärte ihm schließlich die Akten und betonte immer wieder, dass es ganz sicher keinen geklonten Karl gebe.
»Gut, sehr gut.« Karl atmete hörbar auf. »Immerhin, ich bin ich.«
Sie hatte versucht, die Dinge herunterzuspielen, und das war dumm von ihr gewesen. Es hatte sicherlich unaufrichtig geklungen. Sie nannte diese künstliche Gebärmutter »nur einen verbesserten Brutkasten« und behauptete, sie sei »eine Maschine wie jede andere auch, einfach ein technisches Hilfsmittel«.

Doch ihr Gesichtsausdruck und ihr Verhalten hatten ihre Worte wohl Lügen gestraft.
Franziska schlug Karl vor, gleich nach der Schule Sarah anzurufen. Oder wollte er mit Anna und Dietrich oder »vielleicht lieber mit einem Psychologen« sprechen, wenn ihm die ganze Sache über den Kopf wachse? Er könne natürlich auch so lange hier bleiben, wie er wolle, oder zusammen mit ihr Professor Wald besuchen, der habe das angeboten. Vielleicht würde ihm das helfen, alles zu verarbeiten. Ja, sie muss schrecklich hilflos geklungen haben, denkt Franziska jetzt.
Karl war blass geworden. Er hatte die ganze Zeit geschwiegen, ihr aber aufmerksam zugehört.
»Ich bin in einer künstlichen Gebärmutter herangewachsen«, sagte er mit einer Stimme, die sehr ruhig klang. Mehrmals wiederholte er den Satz wie eine Beschwörungsformel, um das Unfassbare fassbar zu machen, das noch keinem vor ihm widerfahren war.
Franziska spürte, dass Worte nicht weiterhalfen. Sie streckte ihm den Arm entgegen. »Komm her«, sagte sie, »komm her zu mir.«
Karl rutschte zu ihr hinüber, kauerte halb auf dem Boden, halb auf ihrem Schoß, zog die Beine ein wenig an und winkelte die Arme an. Er lag da wie ein Fötus im Mutterleib.
Franziska legte eine Hand auf seinen Kopf, den rechten Arm um seine Schulter und hielt ihn fest. Sie holte Luft, um etwas Tröstendes zu sagen.
»Sag nichts mehr«, bat Karl.
So saßen sie lange still da, stumm und versteinert, bis sich Karl langsam aus ihren Armen löste. Er stand auf und ging zur Terrassentür, öffnete sie kurz, um die frische, kalte Winterluft einzuatmen.
»Machst du noch einmal einen Tee?«, fragte er.

Franziska nahm das als gutes Zeichen. Als sie mit der vollen Kanne aus der Küche zurückkam, kauerte Karl wieder in dem Ledersessel vor der Verandatür wie in einem Nest und blätterte in den Akten. Es war fast wie immer, wie früher, als sei nichts Besonderes geschehen.
Jetzt staunt Franziska über ihre Dummheit, sie hätte es besser wissen müssen. Aber damals war sie einfach froh und erleichtert gewesen, dass Karl alles so gefasst aufgenommen hatte. Der Kalte Karl hatte sie getäuscht, seine Ruhe war nur Fassade gewesen.
Bevor er ging, nahm er ihr das Versprechen ab, nichts zu unternehmen, bis sie wieder von ihm hörte. Und sie versprach es.
Was ging in ihm vor, nachdem er mit dem Stapel Unterlagen das Zimmer verlassen hatte? Franziska versucht sich seit Tagen in Karl hineinzuversetzen, alles nachzuvollziehen.
Sie legt das Polaroidfoto »Karls letzter Blick aus dem Fenster« vor sich auf den Tisch und schaut es lange an. Und in seinem Tagebuch, dem er so viel anvertraut hat, schlägt sie die letzte Seite auf mit der kurzen Eintragung: »Wir haben sie gefunden, meine Mutter.« Das Wort Mutter ist dreimal unterstrichen und dann hat er noch dazugekritzelt: »Ich muss zu ihr.«
Mehr hat er nicht geschrieben, nur diese zwei Sätze.
Hätte sie nur Sarah angerufen oder seine Eltern alarmiert und die Albert-Schweitzer-Klinik, wenn nötig samt Professor Wald, aufgescheucht, dann wäre er jetzt nicht irgendwo allein und verzweifelt. Sie hätte ihn nicht gehen lassen dürfen.
Franziska geht im Zimmer auf und ab, sie hat plötzlich große Angst um Karl.
Nach den Informationen aus der Akte muss es für ihn nicht schwer gewesen sein, ins Albert-Schweitzer-Krankenhaus hineinzukommen und die Station AU III zu finden. Auch die Code-Nummer war schließlich aufgeführt gewesen, die den An-

gehörigen Zugang zu dieser Station mit den »Brutkästen 2000« verschafft.
Wenn sie sich jetzt in seine Lage versetzt, versteht sie ihn. Auch sie hätte wahrscheinlich diese Mutter sehen wollen: die Muttermaschine. Das ist doch das Normalste von der Welt, denkt Franziska heute. Aber am 2. Dezember hatte sie das nicht gesehen oder solche Gedanken verdrängt. Sie hätte niemals zulassen dürfen, dass Karl dort alleine hingeht.
Die Station AU III hat Franziska vor wenigen Tagen zum zweiten Mal besucht, als Journalistin. Sie stellt sich jetzt vor, wie Karl die Zahlen eingetippt und sich die Tür zur Station AU III geöffnet hat. Sie sieht ihn vor sich, wie er den blauen Besucherkittel auseinander gefaltet und übergestreift hat und den langen Gang hinuntergegangen ist, bis ans Ende, bis er vor dieser Glasscheibe stand.
Franziska scheut sich, den Schluss der Geschichte niederzuschreiben. Sie schiebt es immer wieder auf, verliert sich in Erinnerungen. Aber sie hat keine Wahl mehr, wenn sie bis zum Jahreswechsel fertig werden will. Ihr bleibt nur noch ein einziger Tag. Die Zeit drängt.
Auch mit ihrem Sohn hatte sie über Karls Geschichte gesprochen, bevor er wegfuhr. Fabian fand zunächst »alles halb so schlimm«. Sein erster Kommentar: »Besser lebendig und von einer Maschine geboren als tot und von schlechten Eltern.« Als er dann aber ihren entsetzten Blick sah, fügte er entschuldigend hinzu: »Aber du bist mir natürlich lieber.« Danach war er still, und das kam bei ihm selten vor.
Sie erzählte ihm mehr von ihrer Suche und Karls Hoffnungen. Und schließlich klang Fabian doch etwas kleinlaut und nachdenklich: »Eine Maschine als Mutter, das ist schon ein Ding. Nicht einfach, diese ganze Sache.« Er sprach ihr trotzdem Mut zu: »Karl kommt wieder, der ist ein harter Brocken, na ja, eben

der Kalte Karl. Mach dir keine Vorwürfe, er wollte doch alles wissen. Und es ist besser, alles zu wissen, als nichts zu wissen. Das seh ich auch so. Der taucht bestimmt bald wieder auf.«
Gerne hätte Franziska ihm das geglaubt. Doch als sie jetzt endlich die letzten Manuskriptseiten mit Buchstaben, Wörtern, Sätzen füllt, wächst nicht nur ihr Erschrecken, auch Zweifel holen sie ein. Wie Anna Meiberg denkt auch Franziska plötzlich an Selbstmord. Die brutale Vorstellung, dass Karl vielleicht schon tot ist, während sie hier schreibt, nimmt ihr nicht nur die gewohnte Sicherheit. Alles erscheint ihr so sinnlos.
Sind die Wörter umsonst, die sie hier seit Tagen aneinander reiht? Beruhigt sie damit nur ihr Gewissen?
Sie muss sich zwingen, gegen ihre Zweifel anzuschreiben.

***

Ende der Suche: Erkennen

Die Glasscheibe, die Karl immer noch von ihr trennt, spiegelt die schwarzen Buchstaben wider, die auf dem blauen Besucherkittel genau über seiner Brust stehen: AU III. Das ist die Abkürzung für »Artificial Uterus III«. Hier fing es an, hier fing er an.
Karl sieht sie durch das beschlagene Glas, seine Mutter, die Maschine, seine Maschinenmutter. Dort steht sie, in sanftes Licht getaucht.
Meine Mutter ist eine Maschine.
Ich bin ein Maschinenkind.
Er möchte aufschreien, sich dieses Bild von der Seele schreien.
Hier steht er, der erste Maschinenmensch, geboren 1999.
»Seht her, ich bin's«, möchte er rufen. »Man nennt mich den Kalten Karl. Zu Recht wohl, die Schraube fällt nicht weit von der Maschine.«

Karl schließt die Augen. Er will diese Mutter nicht mehr sehen. Aber wie unter Zwang öffnet er seine Augen wieder und starrt durch das Glas. Vielleicht sehen sie sich ähnlich? Mutter und Kind sehen sich doch ähnlich, manchmal wenigstens.

Aber vielleicht hat er die ganze Zeit die Falsche angeschaut, nur weil sie zufällig der Glasscheibe am nächsten stand. Rechts und links und hinten im fahlen Licht blinken noch drei weitere Maschinen. Aber welche von den vieren war es? Eine Maschine sieht aus wie die andere. Welche hat ihn ausgetragen? Sie ignorieren den Besucher einfach, ihn, der ihr leiblicher, präziser: maschinen-leiblicher Sohn sein könnte.

Aber wenigstens er, als ihr menschliches Produkt, müsste sie doch unter den vieren herausfinden, seine Mama-Maschine.

Karl betrachtet wieder die Maschine, die ihm am nächsten steht. Sie sieht genauso aus, wie es in der Akte stand, die er heute Morgen gelesen hat. Die neue Zeit der Supermütter, die Zeit der Muttermaschinen ist längst angebrochen. Sein Blick tastet jedes Detail dieser Gebärerin ab.

Das Wichtigste an ihr ist natürlich der Bauch, gefertigt aus stufenlos dehnbarem Kunststoffmaterial. Er hat die Form eines eiförmigen Balles, länglich und rund zugleich. Als er als Achtzeller hineinkam, hatte der künstliche Uterus, so hatte Karl gelesen, gerade einen Umfang von fünfzehn Zentimetern. Als er nach neun Monaten herauskam, war die elastische Kugel auf einen Umfang von neunzig Zentimetern angewachsen.

Die Bauchwand ist nicht dünn und glasklar, eher trübe und dick, aber trotzdem durchsichtig. Karl sieht – wie in einem Aquarium leicht vergrößert und etwas verzerrt – ein kleines Kind darin schwimmen. Es füllt den Plastikbauch ganz aus, seine Arme, Beine und der Kopf sind gut zu erkennen. So hat auch er sich einmal in diesem Apparat gekrümmt, Beine und Arme angezogen.

Der Anblick des Fötus überwältigt Karl und macht ihn ruhiger. Hier wächst ein neuer Mensch, und das ist auch etwas Schönes, etwas Großartiges.
Der Fötus, der etwa fünfzehn Zentimeter misst, ist ein Junge, Karl hat den kleinen Penis entdeckt. Und dann sieht er sich selbst, wie er mit angewinkelten Armen und Beinen in diesem Bauch kauert. Dort ist auch er herangewachsen, hat zum ersten Mal getastet und gerochen, gestrampelt und getrunken, gefühlt und gedacht.
Ein seltsames Gefühl steigt in ihm hoch. Empfindet er so etwas wie Dankbarkeit und Zuneigung sogar zu dieser Mutter?
Er schüttelt den Kopf, schüttelt dieses abstruse Gefühl ab. Wie hat er nur vergessen können, was sie ist. Dafür sieht er sie jetzt umso klarer, eine bittere Einsicht.
Sie ist eine seelenlose Maschine.
Und niemand kann eine Maschine lieben.
Aus dem Maschinenbauch heraus wie in das durchsichtige Gehäuse hinein führen zahlreiche Kabel und Schläuche. Sie führen zu Apparaten, die aussehen wie Computer. Diese überwachen die Versorgung des Kindes über die Nabelschnur und messen die Temperatur und analysieren die Zusammensetzung des Fruchtwassers, von dem das Kind ab und zu kleine Schlückchen trinkt. Werden Grenzwerte unterschritten, geben automatische Spritzen die fehlenden Nährstoffe hinzu. Bei Bedarf wärmen kleine, hoch spezialisierte Tauchsieder die Flüssigkeit nach, so dass die Temperatur immer konstant 37 Grad beträgt. Ohne die richtige Temperatur funktioniert die Maschine nicht, aber ohne menschliche Wärme schon.
Der Bauch, der ganz mit Flüssigkeit gefüllt ist, hängt in einem wannenförmigen ausgepolsterten Gestell. Diese High-Tech-Wiege umschließt den unteren Teil des Bauches. Auf Knopfdruck führt das Gestell verschiedene programmierte Bewegun-

gen aus: Der Bauch, der an zwei Aufhängepunkten befestigt ist, kann hin und her schaukeln oder nur auf einer Seite aufgerichtet werden. Alles natürlich mit unterschiedlichen Geschwindigkeiten und in unterschiedlichem Rhythmus. Die Kleinen brauchen schließlich Bewegungsanreize, damit sich ihr Gleichgewichtsorgan richtig entwickelt.

Die Bewegungsprogramme für Mutter und Kind sind vielfältig, stand in der Akte. Angeboten werden zum Beispiel die Programme Mutter-steigt-Treppe-hinunter, Schlendern-bis-Laufen und Im-Kreis-Drehen-und-Bücken. Ein Programm hätten sie noch erfinden und bei ihm ablaufen lassen sollen: Rennen-bis-zum-Abort. Dann wäre er rechtzeitig ausgestoßen und nicht geboren worden, dann hätte er sie nie kennen lernen müssen, dann stünde er jetzt nicht hier.

Vier Lautsprecher sind von verschiedenen Seiten auf den Bauch gerichtet. Der Kleine braucht akustische Reize, damit er hören lernt. Damit er die Welt später verstehen kann. Karl selbst will, aber kann sie noch nicht verstehen.

Aus den Lautsprecherboxen erklingen in wohl dosierten Abständen, nicht zu leise oder zu laut, verschiedene Musikstücke von Klassik bis Pop, alle Arten von Geräuschen und – auf keinen Fall zu vergessen – menschliche Stimmen.

Die Menschen darf man nie vergessen, zumindest ihre Stimmen nicht.

Vielleicht lauscht der Kleine gerade den Stimmen von Mutter und Vater? Hat er überhaupt Eltern, genauer, richtige Eltern? Oder ist der kleine Junge hier vielleicht doch ein geklonter Karl, der siebzehn Jahre tiefgekühlt geschlummert hat? Sieht er ihm nicht etwas ähnlich?

Die kurze Ruhe, die er beim Betrachten des Kindes empfunden hat, weicht einer tiefen Angst.

Karl hat Mühe, das Schild an der rechten Wannenseite zu ent-

ziffern: Thomas Winter, Frühgeburt in der 15. Schwangerschaftswoche, seit drei Wochen in der künstlichen Gebärmutter. Mutter: Elvira Winter. Vater: Matthias Winter. Das Herz, als dunkler Fleck in dem Brustkorb zu erkennen, schlägt tapfer. Welche Stimmen hat Karl wohl gehört, als er in diesem Plastikbauch schwamm? Sicher hat Professor Wald zu ihm gesprochen. Vielleicht auch diese Schwester dahinten?
Die Nabelschnur des Kindes pulsiert. Karl versucht vergeblich die Stelle zu orten, wo sich die Nabelschnur mit dem Kasten am Fußende verbindet. Hier steht sie, die künstliche Plazenta, ein Ergebnis der – wie stand das noch gleich in der Akte? – »Ergebnis der vereinten, langjährigen Bemühungen von Biochemikern, Gynäkologen, Technikern und Pädiatern, mit dem die Bundesrepublik früher als erwartet eine internationale Spitzenstellung in der Medizintechnik erwerben konnte.«
Bravo, die Herren! Seine Herren Väter haben das Patent für die Maschine angemeldet, die ihn möglich gemacht hat. Wie viel haben sie daran seit 1999 verdient, dank ihm, dem ersten Versuchskaninchen oder besser Versuchsfötchen? Wo bleibt sein Risikozuschlag?
Die künstliche Plazenta ist an die Nieren-Herz-Lungen-Maschine angeschlossen. Das Blut fließt durch den kubikmetergroßen Apparat, der den roten Saft reinigt und dann mit Sauerstoff und mit genau berechneten Vitaminen, Eiweißsubstanzen und Kohlehydraten anreichert. Der kleine Embryo darf nicht verhungern. Und von Maschinenöl kann es schließlich nicht leben, das Maschinenmenschlein.
Karl sieht, wie die automatischen Infusorspritzen die Hormongaben dosieren. Auf sie wurde in der Akte besonders hingewiesen. Etwas Adrenalin zum Aufregen und ein anderes Hormon zum Beruhigen, ab und zu eine Dosis Wut, dann Freude oder Depression. Der Kleine soll doch kein Gefühlskrüppel werden.

Gefühle werden hier kontrolliert verabreicht. Die Mutter-Kind-Beziehung ist in komplizierteste biochemische Formeln gepresst und bis in die kleinste Hormonmenge hinein berechnet. Bei der computergesteuerten chemischen Liebe kann nichts schief gehen.
An ihm haben sie wohl eine gefühlskalte Mischung ausprobiert. Oder die Adrenalinspritze hat aus Versehen geklemmt? Wenn sie sich schon nicht ähnlich sehen, sind sie sich doch wenigstens ähnlich: Maschine bleibt Maschine.
Karl lacht bitter auf, zu laut. Die Schwester schaut erschreckt in seine Richtung. Vorsicht, nicht auffallen! Karl lächelt sie entschuldigend an.
Über dem Apparat hängt ein kleines Zelt an der Decke. Es wird zur Nacht heruntergelassen und hüllt dann die künstliche Gebärmutter in tiefes Dunkel. Auch ein Fötus will schließlich schlafen. Er muss sogar schon im Mutterleib träumen.
Wie sehen Maschinenträume aus?
Welche Fürsorge hier getrieben wird! Das ist fast besser als im richtigen Leben, wo doch manche Mutter gar keine Rücksicht auf ihr Kind nimmt, sich abends in Diskos rumtreibt und Alkohol trinkt. Vielleicht sollten solche rücksichtslosen Mütter immer durch die Maschinen ersetzt werden, zwangsweise.
Du glückliches 21. Jahrhundert! Nur unter den besten Bedingungen gebrütete Kinder leben in dir, glückliche Menschen aus glücklichen Maschinen.
Karl muss die Stirn wieder an das kühle Glas legen, sonst platzt sein Schädel. Er sieht aus dem rechten Augenwinkel, dass die Schwester zu einem Wandtelefon greift und eine Nummer wählt. Jetzt verpfeift ihn die Wächterin des Muttermaschinenparks.
Er könnte einfach hier stehen bleiben und warten, bis sie kommen. Und dann würde er denen, die hier bald aufkreuzen, Fol-

gendes erklären: »Ach, liebe Schwester, lieber Herr Doktor, lassen Sie mich doch bei meiner Mutter stehen. Ich will doch nur bei ihr sein, nach über siebzehn Jahren. Mutter und Sohn haben sich wieder gefunden, schön, nicht wahr? Was fürs Herz! Da stimmen Sie doch sicher zu. Ich will sie kennen lernen, und sie will mich kennen lernen, auch das versteht jeder normale Mensch. Das ist nämlich die berühmte Mutter-Kind-Bindung.«

Karl schluckt. Nicht durchdrehen jetzt! Er muss aufhören, Selbstgespräche zu führen. Er muss gehen, bevor das Personal anrückt und dumme Fragen stellt. Er muss gehen, bevor vielleicht noch Franziska und Sarah mit Anna und Dietrich hier auftauchen.

Karl drückt ein letztes Mal die Hände an die Scheibe, fast wie zum Gruß. Er muss allein sein, er will niemanden sehen.

Er ist der Maschinenkarl, Maschinenkarl, Maschinenkarl, Maschinenkarl.

Das Wort kriecht durch jede Pore bis in die letzte Zelle. Ihn fröstelt.

Die Schwester hat den Hörer aufgehängt. Es wird höchste Zeit, dass er sich aus dem Staub macht.

Karl wischt seine Handflächen an dem blauen Besucherkittel ab und wirft der Muttermaschine einen letzten Blick zu. Doch sie pumpt und blinkt ungerührt weiter. Sie zeigt keinen Abschiedsschmerz und winkt ihrem Kind auch nicht zu.

Karl zieht im Laufen den Kittel aus und stopft ihn in eine blaue Plastiktüte mit schmutziger Wäsche. Am Ende der Station AU III hängt das rote Schild »Notausgang«. Die Tür fällt leise ins Schloss. Hinter sich hört Karl eilige Schritte. Doch sie werden ihn nicht mehr finden.

Auf der Hintertreppe zieht es nicht. Warum tränen dann seine Augen? Karl merkt, wie ihm eine salzige Flüssigkeit aus den Augen quillt und auf seine Jacke tropft. Das gibt es doch nicht:

Der Kalte Karl weint. Endlich weint er. Er fährt mit seiner Zunge über die tränennassen Lippen. Die Tränen schmecken gut. Kleine Kinder weinen oft, wenn sie ihre Mutter verlassen müssen. Er ist nicht mehr siebzehn Jahre alt, sondern ein kleines Kind, das seine Mutter verloren hat und zum ersten Mal das Gefühl absoluter Verlassenheit erlebt. Das Kind hat Angst um sein Leben, es weint. Karl rennt die Treppe hinunter.
Er sieht die grauen Betonstufen kaum noch durch den dichten Tränenschleier. Karl strauchelt, aber er kann sich am Treppengeländer festhalten. Er rennt weiter, tränenblind. Er weiß nicht mehr, wie viele Stockwerke und Treppen er hinabgestolpert ist und wie er den Ausgang gefunden hat. Aber endlich steht er im Freien.
Weggehen, nur weg von hier.
Karl dreht sich noch mal um, wie unter Zwang, und sucht mit glasigen Augen die Fassade ab. Im dritten Stock hinter einer großen Milchglasscheibe sieht er sanftes Licht. Dort muss sie stehen, seine Maschinenmutter. Er schlägt den Kragen hoch. Ihn fröstelt.
Karl geht die Straße entlang. Mit jedem Schritt weg von der Klinik und weg von ihr wächst sein Hass auf die ganze Welt und auf Wald und besonders auf diese Mutter, die niemals jung und weder schön noch traurig gewesen ist. Vor einer Telefonzelle stoppt er, stößt die Tür auf und geht hastig hinein. Die Zelle ist sein rettender Glaskäfig, der ihn gegen alles abschirmt, was da draußen in der Welt passiert. Karl wird ruhiger und wählt eine Nummer.
»Hier ist Karl. Ich war bei ihr. Sag jetzt bitte nichts, aber grüß Sarah von mir. Sag ihr, dass ich geweint habe. Ich bin okay.«
»Karl, wo bist du? Komm vorbei und lass uns reden.«
»Nein, lass mich in Ruhe«, seine Stimme klingt mühsam beherrscht. »Aber vielleicht geh ich noch mal zurück. Doch dann,

das verspreche ich dir, schlag ich dieses Ding zusammen. Und dann, Franziska, kannst du über einen besonderen Muttermord schreiben. Es wird der erste Muttermord sein, bei dem der Mörder nicht verurteilt wird, denn er war bloß ein Maschinenstürmer. Zum Totlachen, findest du nicht auch? Exklusiv kannst du das dann schreiben. Von Anfang an wolltest du doch meine Geschichte haben. Hier hast du sie, schreib sie auf. Ich schicke dir mein Tagebuch.«

Karl hört schon nicht mehr, was Franziska antwortet, er hat den Hörer bereits eingehängt und die Tür der schützenden Zelle aufgestoßen. Er muss weitergehen, immer weiter die Straße entlang. Karl schaut auf seine Armbanduhr. Es ist 18 Uhr und es ist der 2. Dezember 2016. Ein Tag, den er nie vergessen wird.

Karl friert in der kalten Winterluft. Die Tränen kommen wieder und spülen seinen wütenden Hass weg. Die salzigen Tropfen laufen über sein Gesicht, er spürt sie auf den Lippen, die Tränen sind überall. Er kann nicht genug von ihnen schmecken. Er denkt an Sarah, während er diesen neuen Geschmack auf der Zunge spürt. In diesem Augenblick ist er froh zu leben.

Karl geht weiter. Er dreht sich nicht mehr um. Plötzlich beginnt er zu laufen. Sie ist hinter ihm her, er hört sie. Auf Rädern rumpelt die Maschine mit dem durchsichtigen Bauch um die Ecke und über das Pflaster. Aber er ist zu schnell für sie, sie kann ihn nicht einholen.

Doch jetzt wachsen ihr lange metallene Arme aus den Seiten. Stählerne Hände greifen nach ihm – und fassen ins Leere. Die Fingergelenke klicken laut.

Karl rennt um sein Leben. Sie darf ihn nicht zu fassen kriegen. Er hört nicht mehr allein das Rollen der Räder. Dem Innersten des Maschinenleibs entsteigt ein Seufzer. Es ist ein schnarrendes, schrecklich trauriges Geräusch, das lauter und lauter wird und sich schließlich zu einem menschlichen Schrei formt.

Karl hält sich die Ohren zu.
Doch es ist nicht sie, die gellend schreit.
Karl schreit.
Er ist ganz allein auf der Straße.

***

Dieses Telefongespräch, das Franziska nun in ihren Artikel einbaut, war das vorletzte Lebenszeichen von Karl gewesen. Zwei Tage später hatte sie sein Tagebuch in einem braunen Packpapierumschlag in ihrem Briefkasten gefunden, ohne Absender. Seitdem blieb Karl stumm.

Als das Telefon an diesem schrecklichen Dezemberabend kurz vor sechs Uhr geklingelt hatte, wusste sie sofort, dass es nur Karl sein konnte. Sie kannte ihn doch ganz gut. Und deshalb spürt Franziska jetzt wieder Zuversicht. Sie wird Recht behalten, Karl wird den Artikel lesen und sich danach bei ihr melden.

Genau das wird sie sich wünschen, wenn alle in der Silvesternacht auf das neue Jahr anstoßen. Dann wird auch sie auf dem Land bei ihren Freunden sein und mit Fabian vor dem Bauernhaus stehen und den Leuchtkugeln und Feuerwerkssternen nachschauen, bis sie verglühen. Und in den ersten Minuten des neuen Jahres 2017 wird sie an Karl denken, wo immer er auch sein mag.

Franziska ist erleichtert, dass die Geschichte auf dem Papier steht, schwarz auf weiß. Jetzt sind die anderen an der Reihe. Ihr Chefredakteur hat versprochen, die Geschichte groß aufzumachen. Anti-Gen wird gleichzeitig eine Pressekampagne starten. Dann sind die Öffentlichkeit, die Politikerinnen und Bürgerinnen gefragt. Werden sie Rüdiger Wald bejubeln? Wird der Professor Recht behalten? Winkt ihm der Nobelpreis?

Ihren Teil hat sie getan, Karl hat ihr das Tagebuch nicht umsonst geschickt. Jetzt kann sie nur noch abwarten.
Franziska lässt die Seiten auf dem Computerbildschirm noch einmal vorüberflimmern, sie sucht nach einem Titel. Manchmal liest sie einen Absatz, meistens überfliegt sie den Text. Plötzlich stockt sie, liest noch einmal nach und lächelt.
Hier steht er doch, der passende Titel, und zwar nicht nur einmal, sondern mehrmals. Er ist nicht zu sensationell und macht keine Angst, er ist einfach und eingängig und klingt ganz alltäglich. Und darauf kommt es ihr besonders an.
Denn Franziska glaubt nicht mehr, dass es wirklich nur einen einzigen Kalten Karl gibt. Doch das ist eine neue Geschichte.
Sie tippt in ihren Computer: »Geboren 1999«.

Nachwort der Autorin

Die Geschichte »Geboren 1999« ist frei erfunden und hat doch einen wahren Kern. Seit Anfang der achtziger Jahre habe ich mich mit der modernen Fortpflanzungsmedizin beschäftigt. Für dieses Buch habe ich die Tatsachen und Ergebnisse weitergedacht, die ich als Journalistin recherchierte. Manche Leserinnen, Leser und Fachleute mögen trotzdem einwenden, das sei alles übertrieben, die künstliche Gebärmutter sei und bleibe für immer Sciencefiction.

Doch seit »Geboren 1999« vor beinahe sechs Jahren zum ersten Mal erschien, hat die Wirklichkeit meine Phantasie in beängstigender Weise bestätigt. Dinge sind möglich und fast alltäglich geworden, die den Rahmen des bisher Bekannten und Erfahrbaren sprengen:

- Retortenbabys haben tote Väter, deren tiefgefrorene Keimzellen die Spender überlebten.
- Im Herbst 1992 bemühten sich Mediziner um das Leben des »Erlanger Babys«, eines ungeborenen Kindes im vierten Monat, das in einer hirntoten Frau weiterwuchs. Die Gymnastikübungen, Musik- und Wortbeschallungen zum Wohle des Embryos erinnerten fatal an die Programme der künstlichen Gebärmutter in diesem Buch. Die künstlich erhaltene Schwangerschaft, die auf einer Intensivstation fünf Wochen dauerte, war ein weiterer, kleiner Schritt auf dem Weg zur vollständigen Trennung von Fötus und Frau.
- Weil Eizellen Mangelware sind, diskutiert man in England seit 1994 die Möglichkeit, aus abgetriebenen Föten oder verstorbenen Frauen die begehrten Eizellen zu »ernten« und diese für eine Reagenzglasbefruchtung heranreifen zu lassen. Das daraus gezeugte Kind würde von einer genetischen Mutter abstammen, die nie geboren wurde und nie gelebt hat oder die bereits tot ist.
- Im Sommer 1993 wurde eine 63jährige Frau in Italien mit Hilfe von Hormongaben und einer Embryonenspende glückliche Mutter – ein neuer Altersrekord.
- Im Herbst 1993 klonten zwei amerikanische Wissenschaftler zum ersten Mal menschliche Retortenembryonen. Sie zeigten, dass es möglich ist, identische Menschen in Serie zu produzieren. Der Biochemiker Erwin Chargaff warnte: »Wenig hat zur Verrohung der Menschheit so viel beigetragen wie dieser Präzedenzfall.« Dieses

Mal haben die Wissenschaftler die Klonbrut vernichtet, doch irgendwann werden die Medien sicher die Geburt der ersten »künstlichen Zwillinge« melden.

Wann wird die Wirklichkeit meine Geschichte und Karl Meibergs Alpträume überholen?

Das Geschäft mit der Fortpflanzung läuft weiter, ein Tabu nach dem anderen fällt. Forschen ohne Grenzen? Das Erschrecken hält in der Öffentlichkeit selten lange an, alles ist Gewohnheitssache. Der Mensch als Ware – ausgesondert und bestellt, verworfen und verbessert – ist bestenfalls eine Zeitungsmeldung wert, und die ist schnell vergessen. Auch gegen dieses Vergessen habe ich das Buch geschrieben.

Wollen wir bestimmte biotechnische Entwicklungen überhaupt? Das müssen wir uns ständig weiter fragen. Gerade junge Menschen werden in dieser vermeintlich »schönen, neuen« Zukunft die Nachfrager, Nutznießer oder Opfer sein. Stellung zu beziehen ist am Ende wahrscheinlich (über)lebenswichtig. Die Entschuldigung »wir haben es ja nicht gewusst«, wird nicht zählen: Wir wissen erschreckend viel, wenn wir wissen wollen.

Alle Zitate in diesem Buch, die dem Zeitraum vor 1989 zuzuordnen sind, gehen auf Originalquellen zurück, die ich manchmal übernommen, manchmal stilistisch ein wenig verändert oder neu formuliert habe. Die Namen darin sind entweder frei erfunden oder erscheinen nur mit Anfangsbuchstaben. Viele Leser und Leserinnen haben mir inzwischen bestätigt, dass sie bei der Lektüre von Karls Geschichte oft erschrocken sind, weil sie die Wirklichkeit für Phantasie hielten und die Grenze zwischen *facts* und *fiction* nicht mehr klar ausmachen konnten. Dieses Erschrecken ist beabsichtigt.

Wenn jetzt die Taschenbuchausgabe erscheint, ist »Geboren 1999« aktueller denn je. Ob es für immer eine Zukunftsgeschichte bleibt, ist eine offene Frage geblieben. Wie lange noch?

Charlotte Kerner, Juli 1994

»Wir stehen in der finsteren Neuzeit,
die unter vielen schrecklichen Projekten
biotechnische Menschenzüchtung plant.«

Der Schweizer Biologe und Anthropologe Adolf Portmann (1897 – 1982) im Jahre 1968 auf dem Symposium »Das beschädigte Leben«.

Glossar

Ich habe einige wichtige naturwissenschaftliche Begriffe zusammengestellt, die in der Geschichte vorkommen und überhaupt in Diskussionen um Fortpflanzungsmedizin und Gentechnik immer wieder auftauchen.
Die Schlagworte sind nicht alphabetisch, sondern logisch geordnet, d. h. die Begriffe bauen aufeinander auf. Die Glossartexte lassen sich deshalb auch fortlaufend lesen.

DNS
Am Anfang steht die DNS, die Abkürzung für Desoxyribonukleinsäure. (International wird auch das Kürzel DNA verwendet, das aus dem englischen Fachausdruck entstand.) Dieses fadenförmige Biomolekül ist Träger der Erbinformation eines Lebewesens.
Die DNS besteht aus zwei langkettigen Molekülen, die zusammenhängen: Sie sieht aus wie eine Sprossenleiter, die in sich verdreht ist. Hat mehr als drei Milliarden Stufen.
Doppelhelix heißt diese typische Spiralform der DNS. Diese Struktur wurde im Jahre 1953 entdeckt, und das war ein ganz entscheidender Schritt, um die Vererbung begreifen zu können.
Unsere gesamte Erbinformation ist aus vier Einzelbausteinen zusammengebaut, die es zusammen auf drei Milliarden Bausteine bringen. Als Bausteine fungieren vier Basen (Adenin, Cytosin, Guanin, Thymin). Durch ihre Anordnung geben sie jedem DNS-Strang ein unterschiedliches Muster. Bei jedem Menschen ist das Informationsmuster so unverwechselbar wie sein Fingerabdruck.

Gen
Die gesamte DNS-Information ist in Abschnitte gegliedert: die Gene. Ein Gen kann ein bestimmtes Merkmal steuern, z. B. unser Wachstum, indem es Wachstumshormone befehligt. Gene können aktiv oder stumm sein.

Chromosomen/Chromosomensatz
Die Gene verteilen sich auf Chromosomen.
Jeder Mensch besitzt 46 paarweise angeordnete Chromosomen. Der vollständige Chromosomensatz eines Menschen besteht also aus 22 Chromosomenpaaren und zwei Chromosomen, die sein Geschlecht festlegen.

Haploid, diploid
Entstanden ist dieser vollständige (diploide) Satz bei der Verschmelzung von Ei- und Samenzelle. Denn jede Geschlechtszelle enthält nur einen halben (haploiden) Chromosomensatz und den kleinen Unterschied.

X- und Y-Chromosom
In der Eizelle befindet sich immer ein X-Chromosom, in den Spermien dagegen ein X- oder Y-Chromosom. Entsteht bei der Befruchtung die Kombination XX, ist der Nachwuchs weiblich, bei XY ist das Kind männlich.

Zellkern
Bei höheren Lebewesen (auch beim Menschen) stecken im Kern einer jeden Zelle die DNS-Fäden. Diese verknäulten Stränge messen aneinander gereiht etwa zwei Meter. Der Zellkern, der also die gesamte Erbinformation enthält, ist das »Gehirn der Zelle«. Er bestimmt, wie die Zellen aussehen und welche Aufgaben sie erfüllen, letztlich also wie und was wir sind.

Genetischer Fingerabdruck
Mit chemisch-physikalischen Methoden analysieren die Fachleute die DNS, die sie aus einer beliebigen Körperzelle (z.B. Hautzelle) entnehmen können. Sie »fotografieren« deren Bauplan, der bei jedem Menschen ähnlich ist, aber so viele typische Unterschiede aufweist, dass Verwechslungen fast ganz ausgeschlossen sind.
Seit 1987 wird diese Methode in der Verbrechensaufklärung eingesetzt. Damit können z.B. Hautzellen eindeutig einer Person zugeordnet werden. Fachleute können auch durch die Analyse

der Erbinformation in bestimmten Zellen eine »Blutsverwandtschaft« mit fast hundertprozentiger Wahrscheinlichkeit nachweisen.

Genom
Die Summe aller Gene ist die gesamte Erbinformation, auch Genom genannt. Der Mensch hat etwa 50000 bis 100000 Gene.

Genomprojekt
Um alle Gene und deren Aufgaben zu erforschen, wurde im Jahr 1988 in den Vereinigten Staaten ein ehrgeiziges Forschungsprojekt gestartet: das Human Genomprojekt, kurz *Hugo* genannt. Die vollständige Kartierung des menschlichen Erbgutes ist im Jahr 2000 – sehr viel früher als erwartet – tatsächlich gelungen. Damit existiert eine Art Landkarte, die den Sitz jedes Gens auf den 46 Chromosomen festhält. Es war eine internationale wissenschaftliche Großtat, die als Beginn einer »zweiten Schöpfung« gefeiert und gefürchtet wird. Doch noch bleiben ganz zentrale Fragen unbeantwortet:
- Wie kann sich aus einer einzelnen befruchteten Eizelle ein Mensch entwickeln, der aus 100 Billionen Zellen besteht, die ganz unterschiedlich aufgebaut sind und in Leber, Niere, Herz usw. ganz unterschiedliche Aufgaben erfüllen?
- Welche genauen Aufgaben haben die Gene, in welchen Wechselwirkungen stehen sie? Zum Beispiel unterscheidet sich nur eins von 100 Genen des Menschen von denen des Schimpansen. Was macht also den Menschen aus? Warum werden wir so, wie wir sind?
- Wie entstehen Gendefekte und wie lassen sie sich beheben?

Gentherapie
Einige Krankheiten sind sicher genetisch bedingt: Ein Abschnitt der Erbinformation ist dann so verändert, dass er krank macht, weil zum Beispiel ein wichtiger Stoff im Körper nicht hergestellt wird. Die Idee der Gentherapie ist einfach: Dieses krank machende Gen wird abgeschaltet, umgebaut, entfernt oder durch ein neues Gen ersetzt.

Eine Gentherapie setzt aber einiges voraus: Das Gen muss bekannt sein. Dieses Gen, das verändert werden soll, darf nicht auch andere lebenswichtige Aufgaben im Körper steuern.
Diese Voraussetzungen sind noch lange nicht erfüllt. Doch das Genomprojekt (s.o.) liefert die Grundlage, die großen Wissenslücken zu schließen, die eine Gentherapie heute noch unmöglich machen. In Zukunft könnten Eingriffe in die Erbinformation Krankheiten möglicherweise an der Wurzel ausrotten:

- Das krank machende Gen kann in bestimmten Körperzellen durch ein neues, gesundes Gen ersetzt werden, um beispielsweise bestimmte Stoffwechselstörungen zu beheben. Das Verfahren heißt »somatische Gentherapie«; es wird in einzelnen Fällen schon erprobt.
- Wenn kranke Gene bereits in den Keimzellen ausgewechselt werden, entsteht die Krankheit erst gar nicht. Das eingefügte Gen erben jedoch auch alle Nachkommen mit noch unbekannten Folgen und Risiken. Auch deshalb ist die »Keimbahntherapie« beim Menschen bislang ein weltweit anerkanntes Tabu geblieben. Seit Ende 1993 hat in den Vereinigten Staaten jedoch eine laute Diskussion über das bislang Undenkbare begonnen. Hier bahnt sich sicher der nächste ethische Dammbruch an.

Diese Möglichkeiten der Gentherapie haben auch gesellschaftliche Folgen: Der gläserne und der manipulierte Mensch könnte Wirklichkeit werden. Es könnte eine Gesellschaft entstehen, die nur noch ganz gesunde Erbanlagen toleriert. Von dort wäre es nur noch ein kleiner Schritt zur gezielten Auslese und Ausmerzungen kranken Lebens.

Präimplantationsdiagnostik (PID)
Heute ist bereits eine Kontrolle der Erbanlagen nicht nur vor der Geburt, sondern sogar vor einer Schwangerschaft machbar: Bei Reagenzglasembryonen entnehmen Mediziner eine Zelle des Vier- bis Achtzellers und untersuchen sie auf genetische Störungen, ohne dass der Fötus geschädigt wird. Erst wenn alles in Ordnung ist, wird der mehrzellige Embryo in die Gebärmutter verpflanzt, wo er sich einnisten, also implantieren kann. Im Ausland wird bei schweren Erkrankungen diese so genannte Präimplan-

tationsdiagnostik eingesetzt, während sie hierzulande noch verboten ist. Doch die gesellschaftliche Debatte darüber, ob hier bei schwersten Erbkrankheiten Ausnahmen zuzulassen sind oder die PID ganz freizugeben ist, hat begonnen. (s. dazu auch *Embryonenschutzgesetz* S. 165)

Mit Gentechnik hat die Art und Weise, wie die Hauptperson dieser Geschichte entstanden ist, nichts zu tun. Karl Meiberg ist »nur« ein Produkt der modernen Fortpflanzungsmedizin. Zu dieser »Reproduktionsmedizin« gehören insbesondere:

In-vitro-Fertilisation (IVF)
Bei der Befruchtung (Fertilisation) in der Glasschale (in vitro) verschmelzen Ei- und Samenzelle auf ganz natürliche Weise, nur der Ort, wo dies passiert, ist »künstlich«, nämlich außerhalb des Körpers und nicht im Eileiter.
Am Anfang kam diese »unterstützte« Befruchtung nur zum Einsatz, wenn die Eileiter der Frau verschlossen waren oder nicht funktionierten. Die Eizellen gewinnt man durch eine Punktion, wenn in den Eileitern unter Hormongaben mehrere Eier heranreifen.
Heute sind bei 40 Prozent der Paare, die sich für diese Methode entscheiden, die Samenfäden des Mannes nicht in Ordnung. Die Spermien sind z. B. nicht beweglich, verformt oder in zu geringer Anzahl vorhanden. In der Glasschale gelangen die männlichen Keimzellen nun möglichst nahe zur Eizelle. Die IVF hilft also auch bei männlicher Sterilität.

Mikroinjektion (ICSI)
Noch einen Schritt weiter geht die allerneueste Technik: Eine einzelne Samenzelle wird über eine Kanüle direkt in die Eizelle verbracht. Der Fachausdruck lautet *Intracytoplasmatic Sperm Injection*, kurz ICSI genannt. Nach so einer »Mikroinjektion« wurden weltweit bis heute tausende von gesunden Kindern geboren. Dieses Verfahren ermöglicht erstmals den Zugriff auf zwei ausgewählte Keimzellen. So ist zum ersten Mal die gezielte Auswahl genetischen Materials und damit eine Art Zucht möglich.

Embryotransfer (ET)

Klappt die Befruchtung in der Schale, teilt sich die Eizelle. Es entstehen Zwei-, Vier- und Achtzeller, die in einem Brutschrank aufbewahrt werden. Haben die Embryonen diese Entwicklungsphase erreicht, werden höchstens drei von ihnen in die Gebärmutter zurückgespült (Embyotransfer, ET), wo sie sich weiter teilen und schließlich einnisten. Diese Einnistung ist ein großer Schwachpunkt bei der IVF geblieben, die deshalb immer noch eine Methode mit geringen Erfolgen ist. Auch 15 Jahre nach dem ersten gelungenen Versuch kommt es – nach der erfolgreichen Gewinnung von Eizellen – nur in 13,5 Prozent der Fälle zu Lebendgeburten.

Fötus und Embryo

Die Frucht in der Gebärmutter heißt bis zum 3. Schwangerschaftsmonat Embryo. Erst von der 9. Woche an, wenn die Organentwicklung abgeschlossen ist, heißt das ungeborene Kind Fötus. Verläuft die Schwangerschaft normal, wird nach 9 Monaten oder 38 Wochen das Kind geboren.

Retortenbaby

Zum ersten Mal kam im Juli 1978 ein Kind auf die Welt, das in der Glasschale, »Retorte«, gezeugt wurde. Es war die Engländerin Louise Brown (im Buch geändert in Laura Billow), der die Presse den publikumswirksamen Namen »Retortenbaby« gab. Ihre medizinischen »Väter« waren Patrick Steptoe und Robert Edwards.

Heute leben auf der Welt hunderttausende IVF-Kinder. Erste Nachuntersuchungen haben keine Unterschiede in der körperlichen und seelischen Entwicklung, verglichen mit »normal« gezeugten Mädchen und Jungen, aufgedeckt. Nicht erfasst werden konnte bislang der Verlauf der Pubertät, die Zeit, in der Jugendliche besonders intensiv fragen, wer sie sind und woher sie kommen. Im Jahre 1994 wurde Louise Brown, das erste Retortenbaby, gerade 16 Jahre alt und ihre Nachfolger und Nachfolgerinnen sind meistens erheblich jünger.

Leihmutter
Sie trägt für ein Paar, die so genannten Bestelleltern, ein Kind aus. Der Embryo, der aus den Keimzellen des Paares durch IVF entstanden ist, wird in den Uterus der Leihmutter gespült. Sie vermietet also ihre Gebärmutter für neun Monate. Mit dem Kind ist sie genetisch nicht verwandt.
Die »alten Mütter« mit über 50 und 60 Jahren, die seit 1993 Schlagzeilen machen, sind eine neue, besondere Sorte Leihmütter. Auch sie tragen ein Kind aus, mit dem sie genetisch nicht verwandt sind: Eine Eizelle, die von einer Spenderin stammt, wird entweder mit dem Samen des Ehemannes in der Retorte befruchtet oder die Frauen greifen gleich auf eine Embryonenspende zurück. Ihre Gebärmutter muss mit Hormonen auf eine Einnistung vorbereitet werden. Diese »Leihmütter« arbeiten für sich selbst, bestellt und bezahlt haben sie den Embryo, den sie selbst austragen.

Die Gentechnik ist auf die neuen Verfahren der Fortpflanzungsmedizin angewiesen. Erst durch die In-vitro-Fertilisation haben die Genetiker Zugang zu den Keimzellen von Tier und Mensch bekommen. Sie werden ihnen »in der Glasschale« wie auf einem Tablett serviert. Folgende Eingriffe sind dort bereits erfolgt:

Transgene Tiere
In das Erbgut eines Tieres wird das Gen eines anderen Lebewesens eingeschleust. 1982 ist es gelungen, menschliche Gene auf Mäuse und 1985 auf Schweine zu übertragen.

Klone
Das sind Zellen oder Lebewesen, die eine einheitliche Erbinformation haben. Sie entstehen durch ungeschlechtliche Vermehrung. Es gibt zwei Wege:

1) *Zeitgleiche Klone*
   In der Schaf- und Rinderzucht ist es seit Ende der 70er Jahre üblich, Embryonen im Vier- bis Achtzellerstadium auseinander zu pflücken. Die kleinen Keime sind erstaunlich unempfindlich und überstehen den Eingriff meistens unbeschadet.

Jede Zelle ist noch »allmächtig«, d.h., jede teilt sich weiter und aus jeder kann sich ein gesundes Tier entwickeln. Die künstlich hergestellten Mehrlinge (Zwillinge, Vierlinge oder Achtlinge) haben also exakt die gleiche Erbinformation und sind Klone. In der Tierzucht wird mit diesem so genannten Embryo-Splitting der Nachwuchs hochwertiger Zuchttiere vervielfältigt.
In Deutschland ist die Klonierung beim Menschen verboten. Auch weltweit war dies bis zum Oktober 1993 noch ein großes Tabu. Doch dann fegten zwei Amerikaner auch diese Schamgrenze hinweg. Die Wissenschaftler Jerry Hall und Robert Stillmann zerteilten mit mikrochirurgischen Methoden menschliche Embryonen und umgaben sie mit einer künstlichen Hülle. Zwei bis drei weitere Teilungsschritte erfolgten danach. Das Experiment bewies erstmals, dass auch menschliche Klone entwicklungsfähig sind.
Über den Zweck solcher künstlichen Zwillinge wird bereits diskutiert: Für ein IVF-Kind könnte ein Klon, in Stickstoff gelagert, als späterer Gewebe- und Organspender nützlich sein. Eltern könnten sich bei einem besonders gelungenen Kind den Zwilling ein paar Jahre später auftauen lassen und austragen. Und wenn das erste Kind stürbe, könnten sie sich mit der Kopie trösten.

2) *Zeitversetzte Klone*
Ins Unendliche kann die Zahl der Klone steigen, seit es gelungen ist, ein erwachsenes Säugetier zu klonen. Im Frühjahr 1997 präsentierte der Forscher Ian Wilmut das *Schaf Dolly*, das bereits 1996 geboren war, aber erst nach der Patentanmeldung der Weltöffentlichkeit präsentiert wurde. Es war ihm tatsächlich gelungen, eine entkernte Eizelle mit der einer Körperzelle des Säugetiers zu verschmelzen, die Eizelle also mit der kompletten genetischen Information des Muttertiers zu bestücken und zu einer Teilung anzuregen. Damit wurden erstmals eineiige Zwillinge oder Klone geboren, die eine Generation trennt. Derartige Klonmäuse, Klonkühe und Klonaffen folgten geschwind, statt 270 Versuchen sind heute nur noch rund 50 Versuche bis zu einer Klongeburt nötig. Ob die Klonnachkommen missgebildet, kränker und älter oder jün-

ger und widerstandsfähiger sind, darüber liegen zur Zeit sehr unterschiedliche wissenschaftliche Informationen vor.

Klonierung
Je nach dem Ziel, das hinter einer *Klonierung* steht, unterscheidet man inzwischen das reproduktive und therapeutische Klonen.

1) *Reproduktives Klonen oder Klonkinder*
   Was beim Säugetier machbar ist, lässt sich auch auf den Menschen übertragen. Das bewiesen im Dezember 1998 erneut die koreanischen Forscher Kim Sung-bo und Lee Bo-yon aus Seoul: Sie klonten eine dreißigjährige Frau nach der Dolly-Methode und vernichteten ihren Klon im 32-Zell-Stadium. Noch ist das Klonen eines Menschen, um ein Kind zu erzeugen, ein Tabu, das nur wenige in Frage stellen. Dieses so genannte *reproduktive Klonen* wird weltweit breit geächtet und ist z. B. in der Europäischen Union in der *Grundrechte Charta* sogar verboten, weil es gegen die »Würde des Menschen« und sein »Recht auf Unversehrtheit« verstoße.

   Übrigens: In meinem neuesten Zukunftsroman *Blueprint-Blaupause* (s. dazu auch S. 168) erzähle ich die Geschichte eines Klonkindes, das seine ehrgeizige Mutter nach der Dolly-Methode herstellen ließ.

2) *Therapeutisches Klonen*
   Seit sich Embryonen nach der Dolly-Methode klonen lassen, sind sie auch als Forschungsobjekt erst machbar und verfügbar geworden. Die Wissenschaftler interessieren sich ganz besonders für die »embryonalen Stammzellen«. Diese jungen Zellen sind Alleskönner *(pluripotent)*, denn aus ihnen entwickeln sich sämtliche Zellen und Gewebe eines Organismus. Es ist bereits gelungen, in bestimmten Nährlösungen gezielt Haut- und Herzmuskelzellen wachsen zu lassen, an der Herstellung von Nerven und Insulin produzierenden Zellen wird gearbeitet, die Therapieerwartungen sind hoch. Manche hoffen, in Zukunft auch ganze Organe, wie die begehrten Herzen

oder Nieren, in der Schale züchten zu können. Für den Erbgutgeber – also den kranken Menschen, der sich klonen lässt – hätten die gezüchteten gengleichen Produkte einen großen Vorteil: Sie werden nicht wie fremdes Material, z. B. gespendetes Hirngewebe oder ein Spenderherz, abgestoßen, sondern als körpergleich anerkannt.
Doch dürfen menschliche (Klon-)Embryonen allein als Stammzellenlieferanten erzeugt und verbraucht werden? Die embryonalen Stammzellen entnehmen die Forscher nämlich dem Inneren der entstehenden Blastozyste und genau durch diesen Eingriff wird der geklonte Embryo angetötet.
Das deutsche *Embryonenschutzgesetz* (s. u.) verbietet diese so genannte *verbrauchende Embryonenforschung* und damit auch das Klonen für therapeutische Zwecke. Doch im Ausland, z. B. in England, ist beides bereits erlaubt. Das führt zu der absurden Situation, dass embryonale Stammzellen, die hier nicht gewonnen werden dürfen, aus dem Ausland nach Deutschland importiert und dann straffrei beforscht werden können. Denn genau das ist gesetzlich nicht verboten.
Als Forschungsmaterial sind auch die vielen Embryonen interessant, die nach einer erfolgreichen In-vitro-Fertilisation »zu viel« waren und jetzt tiefgekühlt lagern. Ist es humaner, sie einfach zu vernichten, wenn sie für eine Schwangerschaft nicht mehr gebraucht werden, oder dürfen genau diese überzähligen Embryos doch noch beforscht und erst dadurch zerstört werden?

Chimäre

Im Jahre 1985 erschien auf dem Titelblatt einer Wissenschaftszeitschrift das erste Foto einer Chimäre. Bioingenieure hatten einen Schaf- und einen Ziegenembryo jeweils in zwei Hälften geteilt und kreuzweise in der Glasschale (in vitro) zusammengebracht. Die Zellen verbanden sich neu und ein lebensfähiges Tier entstand: Schiege oder Zaf.
Chimären sind also Lebewesen, die die Erbinformationen von mehr als den zwei üblichen Eltern in sich tragen. Chimären können innerhalb einer Art entstehen, z. B. ein Kalb mit sechs Eltern.

Chimären können auch Artgrenzen überspringen, z. B. die Schiege. Bei solchen Manipulationen ist noch nicht vorherzubestimmen, welche Teile der neuen Tier-Tier-Verbindung welche Erbinformationen in sich tragen. Solche Chimären entstanden bisher nur aus Arten, die sich sehr ähnlich sind.

Embryonenschutzgesetz

In der Bundesrepublik ist seit Januar 1991 das »Gesetz zum Schutz von Embryonen« in Kraft. Besonders durch die Erfahrungen mit den Menschenversuchen der Nationalsozialisten, die zwischen »wertem« und »unwertem Leben« unterschieden, führte der Entscheidungsprozess hierzulande zu Verboten, die nirgends auf der Welt so weit gehen.

Das so genannte Embryonenschutzgesetz (ESchG) untersagt in § 1 jede Eizellen- und Embryonenspende. Kein Embryo darf aus einer Frau herausgespült und auf eine andere Frau übertragen werden. Damit ist jede Form der Leihmutterschaft verboten, »weil das Risiko negativer Auswirkungen einer gespaltenen Mutterschaft nicht in Kauf genommen werden kann«. In den Erläuterungen zum Gesetz heißt es weiter: »Wenn auch ... eine Übertragung fremder Eizellen heute technisch möglich (ist), so liegen andererseits doch keine Erkenntnisse darüber vor, wie junge Menschen – etwa in der Pubertätszeit – seelisch den Umstand zu verarbeiten vermögen, dass genetische wie austragende Mutter gleichsam seine Existenz bedingen. So wird das Kind entscheidend sowohl durch die von der genetischen Mutter stammenden Erbanlagen als auch durch die enge während der Schwangerschaft bestehende Bindung zwischen ihm und der austragenden Mutter geprägt. Unter diesen Umständen liegt die Annahme nahe, dass dem jungen Menschen, der sein Leben gleichsam drei Elternteilen zu verdanken hat, die eigene Identitätsfindung wesentlich erschwert sein wird.«

Menschliche Embryonen zu Forschungszwecken herzustellen, verbietet der § 2 des Gesetzes. In § 2, Absatz 2, heißt es weiter: »Ebenso wird bestraft, wer zu einem anderen Zweck als der Herbeiführung einer Schwangerschaft bewirkt, dass sich ein menschlicher Embryo extracorporal weiterentwickelt.« Diese Vorschrift »will verhindern, dass Experimente mit menschlichen Embryo-

nen durchgeführt werden, um eine ›künstliche Gebärmutter‹ zu entwickeln«.
Das Embryonenschutzgesetz verbietet in § 3 außerdem die Geschlechtswahl eines Kindes. Die Geschlechtswahl ist möglich, wenn zwischen Samenzellen, die das X- oder das Y-Chromosom tragen, unterschieden wird und vor der Befruchtung eine Auswahl erfolgt. Eine Ausnahme gestattet das Gesetz: Bei schweren Erbkrankheiten, die ausschließlich bei Männern auftreten, darf vor der Zeugung eine Selektion der Y-Samenzellen erfolgen.
Mit Keimzellen toter Menschen dürfen nach § 4 keine Kinder gezeugt werden. § 5 untersagt auch Eingriffe und Veränderungen in der Keimbahn.
Das Embryonenschutzgesetz verbietet ferner in § 6 das Klonen menschlicher Embryonen und in § 7 die Chimärenbildung, weil beides »in besonders krasser Weise gegen die Menschenwürde verstößt«.
Am 31. Mai 2001 fand im Deutschen Bundestag eine große, viel beachtete Debatte zu den Chancen und Risiken in der Biomedizin und Gentechnik und deren gesetzlichen Konsequenzen statt. Insbesondere über die *Präimplantationsdiagnostik* (s. o.) und die *verbrauchende Embryonenforschung* – also das therapeutische Klonen (s. o.) – wird seitdem wieder heftig diskutiert: Soll beides in Zukunft doch erlaubt werden – generell oder in Ausnahmefällen? Muss gegebenenfalls das Embryonenschutzgesetz geändert werden, soll es strikter oder offener sein?
Quer durch alle Parteien sind die Meinungen dazu sehr unterschiedlich: Zukünftige Heil(s)versprechungen stehen gegen die Warnung vor einer möglichen Menschenauslese. Und so faszinierend auf der einen Seite die genetische Grundlagenforschung ohne Zweifel ist, sie macht den Gencheck vor der Geburt oder den gläsernen Menschen erst möglich. Die Bundestagsdebatte gilt als Auftakt zu einer neuen breiten Entscheidungsfindung, was das »menschliche Maß« (Bundespräsident Johannes Rau) in der Fortpflanzungsmedizin und Gentechnik bedeutet – für die Gesellschaft und für jeden Einzelnen.
Stand: Juni 2001

Danksagung
Ich bedanke mich ganz herzlich bei Dr. Manfred Pietschmann für die kritische Durchsicht des Manuskriptes und manchen kollegialen und fachlichen Rat, der Eingang in die Endfassung gefunden hat.

Charlotte Kerner
Blueprint – Blaupause
Roman
Mit einem Nachwort der Autorin
Beltz & Gelberg Taschenbuch (78909), 208 Seiten *ab 14*
Deutscher Jugendliteraturpreis

Irgendwann in der nahen Zukunft, wenn das Klonen von Menschen möglich sein wird: Die hoch begabte Komponistin Iris Sellin ist unheilbar krank und kinderlos. Damit ihr Talent nicht mit ihr aus der Welt verschwindet, lässt sie sich klonen. Iris und ihre Tochter Siri sind damit eineiige Zwillinge und zugleich Mutter und Kind. Siri wächst in einer Beziehung auf, die es so noch nie gegeben hat. Als Kopie, als Blueprint ihrer Mutter, lebt sie mit einem vorgegebenen Leben und dem Auftrag, Iris und ihr Talent unsterblich zu machen. Was aber bedeutet ein solches Leben für das Original und die Kopie? Beide sind Menschen aus Fleisch und Blut, aber wo verläuft die Grenze zwischen ihren Persönlichkeiten? Wer ist hier Ich und wer Du, wer frei und wer Sklave des anderen?
Die Debatte um das Klonen von Menschen ist in vollem Gange – *Blueprint* ist ein entschiedener Beitrag dazu. Die Autorin selbst nennt es »ein Buch zum Streiten«.